나는
인스타로
3억 매출
셀러가
되었다

나는
인스타로
3억 매출
셀러가
되었다

**하루 2시간
저절로 돈 벌리는
부업 필살기**

최지혜 지음

매일경제신문사

"

남들은 늦었다고 말하던
온라인 수익화 덕분에 직장 다닐 때보다
적게 일하고 많이 벌게 된 이야기

"

그동안 나는 SNS를 인생 낭비, 시간 낭비의 지름길이라고 생각하고 있었다. TV를 한번 틀면 끄기 힘든 것처럼 SNS도 중독되고 나면 온종일 매달려 집착할 것이 분명하다고 생각했기 때문이다. 주위 친구들이 X(구 트위터), 인스타그램, 해시태그를 이야기할 때 '저런 쓸데없는 걸 왜 할까?' 생각했다.

더 이상 직장을 다닐 수 없는 상황이 되어 집에서 일을 해야겠다고 결심한 2020년도 말, 인스타그램은 이미 수많은 인플루언서로 포화 상태였다. 이 시장에서 내 자리를 찾을 수 있을까, 수없이 많은 자기 의심의 순간이 있었다.

주변에서는 이미 유명한 인플루언서들이 활동하는 분야라고, 걱정하는 이들도 있었다. 틀린 말은 아니다. 하지만 그 말에 100% 동의할 수 없었다. 하루에 상품이 한 개 팔릴 때에도 포기하지 않았다. 누가 뭐래도 나만의 제품을 직접 제작하며 어떻게 해야 잘 팔 수 있을지 공부했다. 차근차근 성장하면서 내 디지털 상점을 구축했다.

그 결과, 인스타그램이라는 돈 안 드는 최고의 마케팅 수단을 손 안에 넣을 수 있었다. 작년 한 해 1인 기업으로 시작해서 하루 2~3시간의 짧은 업무 시간만으로도 연매출 3억 원이라는 성과를 달성했고, 올해는 무려 2,000만 원에 가까운 정부지원금을 100% 지원받아 공짜로 다음 사업을 준비하고 있다.

월급 외에 소박하게라도 더 벌고 싶은 분들, 온종일 아이들을 돌보며 가사 일을 해야 하는 주부, 은퇴 후 재취업이 힘든 분들 등 돈을 벌어야 하는 상황이지만 어디서 어떻게 무슨 일을 해야 할지 모르겠다고 생각하는 분들께 방법만 알면 누구나 수익화가 가능한 온라인 세상이 있다는 사실을 전하고 싶다.

전반적인 시장 흐름과 더불어, 직접 경험한 실제 사례를 통해 시중의 보편적인 기술서처럼 뭉뚱그려 설명하기보다는 바로 적용할 수 있는 각 부분별 온라인 수익화의 세부적인 정보를 담았다. "늦었다"는 말에 좌절하지 말기 바란다. 이 책이 어딘가에 있는 나와 같은 자신만의 길을 가는 이들에게 지름길이 되어주길 바란다.

CONTENTS

PART 3 저절로 주문이 들어오는 자판기 만들기

PART 1

돈 안 드는
광고판 활용하기

#N잡러   #시간과 에너지   #부수입

01 | 시간과 에너지 줄이기

'사업 에너지 이론'이라는 말을 들어본 적이 있는가? 한 사업체에서 소득을 많이 올리려고 할수록 에너지가 늘어나는 현상으로 월 1,000만 원을 위해 30의 에너지를 사용했다면 월 500만 원을 위해서는 10의 에너지밖에 들지 않는다는 이론이다.

《스위칭》 중에서

실제로 스마트스토어를 운영하시는 사장님들의 이야기를 들어보면 파워 단계까지는 손쉽게 달성할 수 있지만 빅파워 그 이상까지는 너무 힘들다는 고충을 토로하곤 한다. 이러한 현상이 발생하는 이유는 여러 가지가 있을 수 있지만 어느 고점에 다다르면 업무를 감당할 수 있는 역량의 한계가 있고 투입되는 비용의 스케일이 달라지기 때문이다.

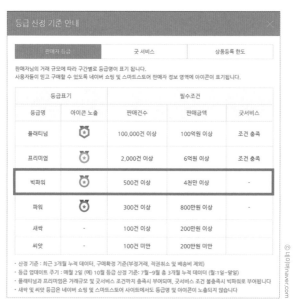

빅파워 그 이상까지는 올라가기 힘든 네이버 스마트스토어 판매자 등급

작은 사업체 3개를 운영하는 경우와 큰 사업체 1개만 운영하는 경우를 비교해보자.

작은 사업체 3개

사업체 1 식품 위탁판매 월 500만 원 매출 → 순수익 100만 원

사업체 2 인테리어 소품 위탁판매 월 500만 원 매출 → 순수익 100만 원

사업체 3 캠핑 용품 위탁판매 월 500만 원 매출 → 순수익 100만 원

= 마진 20% 가정 시 자본금 없이 스토어 3개 운영으로 300만 원 순이익 달성 가능

큰 사업체 1개

사업체 1 캠핑 용품 사입 판매 월 1,000만 원 매출 발생 → 사업 목적으로 수익금 재투자 → 사입품 보관 창고 임대료, 검수 비용, 포장 비용 반품 비용 발생 → 상품 자체 제작 시에는 원단 조사, 공장 섭외, 임가공비 협상, 회당 샘플비 발생 → 업무량 증가로 인한 추가 인건비나 협력사 섭외 등의 비용 발생

= 스토어 1개 운영에 필요한 업무량은 과다해지고, 자본금과 부수적인 비용도 발생!

큰 사업체 1개를 운영하는 경우는, 마진을 40%라고 가정하면 약 400만 원의 이익이 생긴다. 하지만 위에서 언급한 비용을 계산하면 물류센터 창고보관료, 포장재, 포장 작업비 3PL_{Party Logistics}(기업이 직접 생산과 물류를 담당할 때에 자체적으로 수행하는 물류 활동의 한 단위)만하더라도 만만치 않다. 개당 4만 원 제품을 월 300개 판매한다고 가정했을 때 150만 원 내외의 지출이 예상되기 때문이다. 큰 사업체 1개를 운영할 때의 순이익은 250만 원으로, 작은 스토어를 3개 운영하는 것보다 순수익도 적을뿐더러 들어가는 노력과 업무량이 상당하다.

그래서 "직장 다닐 때만큼 벌자"는 단 하나의 목표만을 설정하고 이 목표를 달성하기 위해 인스타그램 계정과 소규모 스마트스토어를 함께 운영하는 방법을 택했다. 이 방법은 수익화에 소모하는 질적, 양적 시간을 단축시키는 데 큰 도움이 됐다. 실현 가능한

목표를 잡고 달리면 충분히 승산이 있다. "스마트스토어 억대 셀러 seller 되기, 10만 팔로워 이상 보유한 인플루언서 되기, 쇼 호스트 되기" 등 거창한 목표를 모두 이루려고 할 필요는 전혀 없다.

언제까지 대형 플랫폼에 끌려다닐 건가요?

이미 수많은 인플루언서와 브랜드가 인스타그램 시장에 진출해 있다. 기존의 유명 인플루언서들이 이미 충성도 높은 팔로워를 보유하고 있는 상황에서 인스타그램으로 돈을 벌 수 있다? 그저 나와는 상관없는 이야기 혹은 나는 할 수 없는 일이라고 단정 지을지 모른다. 실제로 인스타그램으로 돈 벌 수 있다는 말에 주변 사람들이 보인 반응은 "내가 어떻게 해", "나는 그런 거 못해"가 대다수였다.

그럼에도 불구하고 지금 당장 인스타그램을 시작해야 하는 이유는 분명하다. 변화하는 디지털 시대에 인스타그램은 여전히 성장하는 시장이며, 개인과 기업에게 새로운 기회를 제공하고 있기 때문이다. 게시물 하나만으로 몇만 명의 사람들에게 나를 알릴 수 있고 내가 하는 일이 자연스럽게 홍보가 되는 공간이다. 알고 있는 정보 혹은 일상과 스토리를 담은 사진, 영상을 올렸을 뿐인데 자고 일어나면 수많은 협업과 협찬, 판매의뢰 제안을 받게 되는 기회의 플랫폼이기도 하다.

현재 한국의 전자상거래 시장은 급격한 변화를 맞이하고 있다.

스마트스토어와 쿠팡 같은 대형 쇼핑 플랫폼에서 셀러에게 요구하는 수수료는 점차 높아지고 있으며, 이러한 플랫폼에 의존하는 셀러들은 불합리한 수수료 인상 정책에도 쉽게 반발할 수 없는 상황이다. 이는 결국 더욱 불리한 수익 구조를 만들고, 셀러들의 이익을 잠식하는 결과를 초래한다.

스마트스토어나 유튜브가 한국에 알려지기 시작했을 때 먼저 시작한 이들은 많은 기회와 구독자를 얻었다. 인스타그램도 마찬가지로 초기에 시작한 이들이 급속도로 성장하며 수익화에 성공한 사례가 많다. 그리고 지금도 인스타그램은 진입하기에 늦지 않았다. 틱톡과 유튜브 쇼츠를 따라잡기 위해 인스타그램이 릴스 기능을 도입했고, 지금 시작하는 사람들도 릴스를 통해 빠른 성장을 이룰 기회가 생겼기 때문이다.

인스타그램은 셀러 자신이 브랜드를 직접 관리하며 마케팅 전략을 수립할 수 있는 자유로운 플랫폼이다. 특히 소비자와 직접 소통하며 신뢰를 쌓고, 유연하게 수익 구조를 만들어 나갈 수 있다. 그래서 일방적인 정보제공으로 그치는 타 플랫폼들과 달리 더욱 친근하고 연속성이 강하다.

그리고 무엇보다 집에서 돈을 벌어야겠다고 결심했을 때 가장 먼저 인스타그램을 시작한 이유는 바로 투입되는 비용과 시간, 노력 대비 가져갈 수 있는 수익이 크기 때문이다. 약 18년 전이기는 하지만 LG라는 대기업에 입사하였음에도 9시 출근, 6시 퇴근 사무직 월급은 180만 원이었다. 지난 6년간 강사로 활동해온 직장에서는 하루 평균 이동에 3시간 이상을 썼는데, 260만 원 정도의 월급을 받았다.

하지만 인스타그램을 활용하면 아침마다 정신없는 출근을 하지 않고도 월 순수익 3~400만 원을 거둘 수 있다. 자유롭게 업무 시간을 조절하며 잠옷 바람으로 일해도 가능하다. 사업하는 분들이 보시기에는 '뭐 엄청 돈을 잘 버는 것도 아니네?!' 할 수 있다. 하지만 간과해서는 안 되는 가장 중요한 점, 인스타그램 수익화는 자본금이 거의 들지 않는다는 것이다.

우리나라 자영업자들이 가장 많이 도전하는 커피숍 창업비용을 찾아봤다. 저가 커피의 대표 브랜드인 '메가커피' 창업 시 점주가 내야 하는 부담금은 매장 크기와 위치에 따라 다소 차이가 있지만, 대략 다음과 같았다.

ⓒ 굿매니팁스

*가맹비, 교육비, 인테리어, 주방기기, 기타 초기 비용 포함
**키오스크, 호출벨, 임대료, 전기 증설, 냉난방, 철거, 외관 공사,
  테라스, 어닝, 아이스크림 장비, 이행보증금, POS 및 키오스크,
  호출벨 시스템 등 추가 공사비 별도

매장 임대비용(보증금, 권리금) 등을 고려하면 실제 창업비용은 약 1억 초반에서 2억 원 정도가 필요한 것으로 알려져 있다. 어디 감수해야 할 부분이 금전적인 부분뿐일까? 불경기가 겹치고 여러모로 사업하기 좋지 않은 현실로 인해 많은 이들이 온라인 플랫폼에서 활발히 활동하고 있고 지금도 매출을 올리기 위해 다양한 마케팅 활동이 이어지고 있다. 최근 알리익스프레스나 테무와 같은 중국의 대형 기업들이 공격적으로 한국 시장에 진출하면서 가격 경쟁 구도는 더욱 치열해진 상황이다. 이런 소식들을 접하면 기존의 판매형태를 그대로 고수해도 괜찮을지에 대한 불안감이 엄습할 것이다.

만약 월급 이외의 부수익을 위해 스마트스토어나 쿠팡 등 대형 플랫폼 입점을 생각한다면? 전망이 불안한 시장에 진출하는 것보다는 나만의 판로를 차근히 만들어 어떠한 외부의 변화에도 유연하게 대응할 수 있는 안정적인 수익구조를 만들어둘 것을 추천한다. 돈 한 푼 들이지 않고 수십만 명에게 나의 콘텐츠를 전파시킬 수 있는 유일한 플랫폼 '인스타그램'. 지금 시작해도 늦지 않았다.

'세컨잡 키우기'에 특화된 방구석 수익화

자체 제작 상품도 운영한다고 하면 그 많은 일을 어떻게 혼자 해내는지 의아하다는 분들이 종종 있다. 직장 다닐 때보다 훨씬 시간을 덜 투자하고도 많이 벌 수 있는 이유가 있다. 위탁판매와 공동구매 위주로 판매활동을 하고 있기 때문이다. 초기 세팅만 신경 쓴다면 이후에는 판매관리를 위한 큰 비용과 수고가 거의 들지 않는다.

제품 샘플링 이후부터는 공장에서 해당 분야의 전문가와 기술진들이 대신 제품을 생산하고 깔끔하게 포장, 발송한다. 간단한 전화나 메신저 메시지로 제품의 생산을 의뢰하고 물류센터로 입고할 수 있다. 심지어 꼼꼼하게 검수까지 가능한 업체를 선정하면, 편의점 택배 수준의 저렴한 비용으로 로켓 배송만큼 빠른 택배 서비스까지 이용할 수 있다.

얼마 전까지 이용해왔던 이 업체의 경우 개인 사장님이 재량껏 운영해 왔던 소규모 업체였기에 이러한 시스템이 가능했다. 주문자 리스트 역시 정해진 엑셀 양식에 정리해서 오후 1시까지 메신저로 발송하면 당일 출고가 가능하기 때문에, 여행을 가서도 노트북으로 오전에 작업 후 오후 자유 시간을 즐길 수 있었다.

최근에 변경한 업체의 경우는 더욱 간편한 서비스를 제공한다. 주문 수집부터 배송까지 원스톱(한 번의 방문으로 여러 가지 일을 해결하는 것)으로 처리가 가능한 쇼핑몰 통합관리 솔루션 '이지어드민'을 이용하는 곳이다. 사용자 가이드대로 스마트스토어에 등록해두면 주문내역이 자동으로 연동되어 물류업체에서 제품을 확인, 검수하고 출고가 된다. 말 그대로 나는 홍보, 판매만 하면 되는 자동화 시스템이 만들어지는 것이다. 하루는 아이들 등원 전 소아과 진료로 정신없는 상황에 주문 확인 버튼을 누른 후 잊고 있었는데, 며칠 뒤 고객님의 후기를 보고 그제야 제품이 얼마큼 판매가 됐는지 판매 수를 확인한 적이 있을 정도였다.

판매량이 적은 개인 사업자들은 반문할지 모른다. 그런 업체를 이용할 만큼 판매량이 많지 않고, 그렇다고 매일 편의점으로 제품을 보내러 다니기에는 번거롭다고. 하지만 몇 번의 검색만 한다면 충분히 나에게 맞는 업체를 찾을 수 있다. 실제로 얼마 전까지 일일 출고량 상관없이 검수비, 보관료까지 무료인 업체를 이용해왔기 때문에 자신 있게 말할 수 있다. 자영업 관련 정보를 교류하기 최적화 되어있는 네이버 카페 '셀러오션'을 참고하기 바란다.

'불로소득'이 뭐 대수인가? 부동산 임대업처럼 다달이 고정급이 들어오지는 않지만 나는 일하지 않고 매일 돈을 벌고 있다. 셀러가 많은 수의 위탁판매 상품을 판매할 때에는 필요에 따라 스마트스토어 광고를 활용한다. 대신 세팅하고 관리해주는 네이버 공식 제휴 광고대행사가 있기 때문에 문자 혹은 메신저 메시지 한마디로 광고할 수 있다. 보통 비용이 발생하지 않는 대신 네이버 측에서 광고비를 쓸 때 주는 포인트(광고료로 사용 가능)를 이 광고대행사에서 대신 가져가는 조건이다.

직접 하는 것이 가장 좋겠지만, 시간을 아끼기 위해 마케팅은 맡겨서 하는 편이다. 스토어를 등록하면 광고대행사로부터 전화가 많이 온다. 일단 계약하지 말고 딱 한 시간만 투자해서 배움의 시간을 가지길 권한다. 내가 직접 광고를 할 줄 알아야 대행사에 자세한 설정 요구가 가능하고, 광고사에서 관리에 소홀하지 않도록 할 수 있

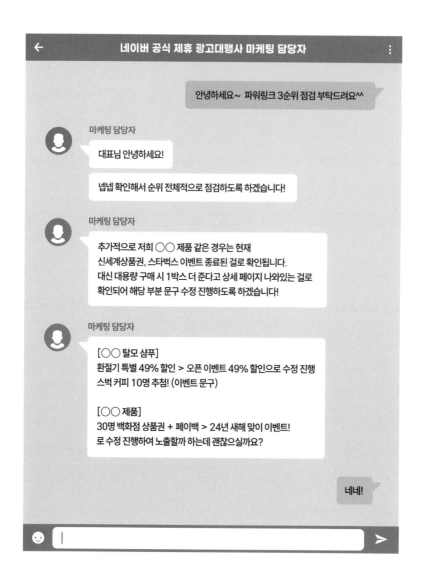

다. 유튜브나 네이버 검색을 통해 네이버 쇼핑, 파워링크 광고 방법을 배워보자. 광고대행사를 선택하더라도 다른 업체로 자유롭게 변경할 수 있으니 계약 후 잘 관리하는지 추이를 살피면 된다.

밤 시간을 할애하여 하루 2~3시간 내외로 일을 하면서 네이버 스마트스토어로 판매한 매출액만 2022년에는 2억 2,000만 원이고 2023년에는 3억 원이다. 지금도 월평균 2,000만 원 내외의 매출을 유지하고 있다. 마진율의 경우 자체 제작 상품은 약 30~50%, 위탁 판매 및 공동구매 제품은 약 20~40%이다. 광고비는 월 100~150만 원 정도 사용하고 있다. 광고비를 200만 원으로 많이 사용했다고 가정해도 월 매출 2,000만 원, 수익률을 30% 잡았을 때 순수익이 월 400만 원이다.

시간이 많지 않고 환경적 제약으로 인해 직장 생활이 힘든 상황이라면? 직장인, 주부, 대학생 등 본 업무 시간 이외의 적은 노동으로 효율적인 수입을 창출하고자 한다면? 나름 괜찮은 성과라고 생각한다. 하루 한두 시간의 여유도 없다? 오늘 TV 드라마, 유튜브나 넷플릭스, 쇼츠 등을 보며 무심결에 흘려보낸 시간이 얼마인지 꼭 체크해보길 바란다.

나만의 주제 찾는 방법

　스티븐 코비의 《성공하는 사람들의 7가지 습관》이라는 책이 있다. 엄청난 매출과 성과를 기반으로 낸 책도 아니고 작가가 백만장자도 아니다. 하지만 무려 25년간 베스트셀러라는 점을 눈여겨볼 만하다. 무언가 타인에게 도움이 될 만한 정보를 제공할 때 내가 반드시 성과를 이룬 상태여야 하는 것은 아니라는 점을 기억해야 한다. 가령 다이어트 계정을 운영하더라도 "살 빼고 시작해야지!"가 아니라 처음 감량 전의 상태에서 시작할 수 있다. 내가 살을 어떻게 빼는지, 어떤 음식을 어떻게 만들어 먹고 어떤 운동을 얼마나 하는지 등을 공유하며 함께하는 동반자를 만든다는 취지로 계정을 운영하는 것이다.

운영했었던 인스타그램 초기 피드들

　인테리어 계정을 운영하고 싶다? 정보 공유 카페에 가입 후 셀프 인테리어의 전반적인 부분을 조사하고 내가 직접 나의 집을 차근차근 고쳐나가는 스토리를 인스타그램에 공유할 수 있다. 그 과정을 보고 그대로 따라 하고자 하는 사람들의 관심을 끄는 데 충분한 콘텐츠가 될 수 있을 것이다.

　막연히 아이 엄마니 육아 계정을 만들었고 정보성 콘텐츠 발행을 위해 '책 육아를 해볼까', '집콕놀이 콘텐츠를 만들까', '유아식 관련 요리 포스팅을 할까' 등 많은 시행착오를 겪었던 기억이 난다.

　하지만 아래의 질문을 통해 이제는 체계적으로 나만의 콘텐츠를 만들어가고 있다. 중요한 점은 아무리 좋은 콘셉트를 발견한다 하더라도 지속 가능하지 않다면 아무 소용없다는 것이다. 노트를 꺼낸 뒤 아래의 질문에 답변을 적어보고, '꾸준히 할 수 있는' 나만의 콘텐츠를 찾아보도록 하자.

인생의 전환점이 되는 콘텐츠 주제 찾기 질문

펜을 들고 직접 질문에 답해보는 시간을 가져보자!
위의 질문에 대해 진지하게 고민하고 답변을 작성해보며
수익화로 연결 지을 수 있는 유의미한 키워드를 분류하는 시간을 갖자.
머릿속으로만 생각하는 것 이상의 해답을 얻을 수 있다.

● 당신이 항상 열정을 갖고 있는 주제나 활동이 있나요? (검색 기록 엿보기!)

● 여가 시간에 주로 하는 일 혹은 즐겨 하는 취미 활동은 무엇인가요?

● 지금까지 당신이 성취감을 느꼈던 일은 무엇인가요?

● 어려서부터 항상 배우고 싶었던 분야는 무엇인가요?

● 당신의 어떤 역량이나 기술이 당신의 직업을 유지하는 데 도움을 준다고 생각하시나요?
　(ex. 리더십, 관련 분야에 대한 해박한 지식, 유연한 사고 등)

● 당신이 경험한 가장 큰 성공은 무엇이고, 그 이유는 무엇인가요?

● 실패한 경험 속에서 당신이 배운 교훈은 무엇인가요?

● 다른 사람들이 당신에게 도움을 청해온 적이 있었나요? 도움의 내용이 무엇이었나요?

● 다른 사람들이 당신의 어떤 점을 주로 칭찬하나요?

● 다른 사람들이 잘하도록 돕고 싶은 주제가 있다면 무엇인가요?

- 나도 초보이지만 지속적으로 연구해서 사람들에게 도움을 주고 싶은 주제는 무엇인가요?

- 당신이 생각하는 자신의 가장 큰 강점은 무엇인가요?

- 당신이 생각하기에 본인의 단점 혹은 개선하고 싶은 점은 무엇인가요?

- 나의 타깃층이 지금 겪고 있는 문제를 과거의 나도 겪은 적이 있나요?

- 위에서 찾은 나의 콘텐츠는 다른 사람들의 콘텐츠보다 어떤 점이 더 특별한가요?

- 나의 콘텐츠를 꾸준히 발행하기 위해 무엇을 계획하고 실천해야 하나요?

신뢰도를 높이는 계정 상담 예시

실제로 '인스타그램 수익화' 강의를 진행하며 수강생에게 상담을 해준 사례다.
여러분의 인스타그램 주제를 찾는 데 힌트가 되기를 바란다.

사례 1

콘셉트: 교육, 자녀 양육, 딸 육아

50대 초반 초등학생, 중학생 딸 셋을 키우고 있습니다. 13년 동안 열심히 회사 생활 후 휴식을 위해 퇴사를 했습니다. 올해 결혼 생활 15년 차입니다. 현재 스마트스토어, 옥션, 지마켓, 11번가, 쿠팡, 롯데 온, 위메프, 인터파크 판매사업자로 등록되어 있고 쿠팡 상품을 소싱(공급 업체를 선정해서 구매하는 것)해서 위의 마켓에서 판매하고 있습니다만 일은 많은데 생각보다 판매가 많이 이루어지지 않습니다. 외모로 할 수 있는 인스타그램은 자신이 없고. 학생 자녀가 3명이니 교육, 도서 이런 방향으로 가야 할지 고민입니다. 결혼 15년 차이지만 요리도 자신이 없습니다. 대학 때 아동학과 전공, 보육교사 2급 자격증, 중등교사 자격증은 있으나 직업 연결되지 않았습니다.

▶▶▶ 첫 번째 코칭

안녕하세요! 한 직장에 13년씩이나 다니셨다니 운영하실 계정의 주제에 따라 권위 입증의 요소로 강조할 수 있습니다. 말씀하신 아이들 학습 관련해서 콘텐츠를 만드실 경우 아이가 학교를 졸업한 이후 계정의 방향성은 다시 잡아야 할 수도 있습니다만 보유한 이력이 너무나도 훌륭하십니다. 이메일 주신 내용을 보았을 때 우선 강하게 어필할 수 있는 특징은 대기업 근속 13년, 사업자등록 완료, 학생 자녀 3명, 결혼 15년 차, 아동학과 전공, 보육교사 2급, 중등교사 자격증 보유 등입니다!

대한민국은 교육에 관심이 많다 보니, 비슷한 학령기의 자녀를 둔 분들이 특히 많이들 관심 가지시는 교육 쪽 주제를 추천합니다. 사교육을 시키고 싶지만 충분히 해줄 수 없는 엄마들을 대상으로 우수한 교재를 추천해준다거나 직업을 찾도록 도와주는 검사, 청소년기 아이와 트러블 없이 자기주도 학습을 이끌 수 있는 노하우와 같은 주제는 어떠실지 제안 드립니다.

저의 경우 관련 니즈를 가진 1,000명 정도의 학부모를 팔로워로 모은 이후 교재, 독서대, 책상, 두뇌개발 프로그램, 학습지 체험단 등을 시작으로 사업자등록증을 활용하여 딸아이를 둔 가정에 필요한 물품을 판매할 수 있습니다. 예를 들어, 도서류를 판매하던 분은 책 마진이 많이 남지 않았지만 수요는 많다는 점을 활용하여 모객 목적으로 책 공구를 여러 번 진행했습니다.

이렇게 고객을 모은 뒤 마진율이 높은 독서대 등 관련 제품들을

첫 번째 상담 내용을 반영한 프로필

이어서 노출하고, 재구매를 유도하여 매출을 향상시키고 있습니다.
인스타그램은 판매 이전 소통을 기반으로 활발히 운영되는 곳이기
때문에 댓글과 DM 등으로 고객과 친숙해지기 유리합니다. 이러한
장점을 활용하여 도서류뿐만 아니라 딸아이들이 겪는 민감한 문제
에 대해 허심탄회한 상담을 하여 보디 드라이기로까지 공구 판매
범위를 확장했습니다.

육아 계정은 생각보다 확장성이 큽니다. 계정 콘셉트를 잡는 초
반에는 아동학 전공과 보육교사, 중등교사 자격증을 보유한 전문가
가 추천하는 '～교육법'이나 '～양육법', '～코칭법' 등의 정보성

콘텐츠를 발행하면서 아이들과의 교육적인 일상을 녹여내시는 것을 추천드립니다.

여성복이나 다이어트도 좋지만 보유하고 계신 자격증을 활용하여 다른 육아 계정보다 전문적인 부분을 강조한다면 빠르게 성장할 가능성이 커 보입니다. 벤치마킹용으로 소개드린 계정을 보시면 독서 모임과 엄마 모임, 감사 일기 챌린지 등을 통해 수익까지 연결하는 것을 확인할 수 있습니다. 목표는 이런 방향으로 잡아가시면 좋을 듯합니다.

▶▶▶ 상담 후 두 번째 코칭

안녕하세요. 참고용으로 주셨던 계정을 살펴보았습니다. 해당 계정의 경우 사원수가 40명이나 되는 중소기업으로 해외 제품을 대량으로 소싱하여 브랜딩한 뒤 제품을 판매하는 회사로 보입니다. 보통 구매대행을 시작하시는 분들이 이런 형태의 사업체 꾸려나가시는 편입니다(물론 자금력이 있고 판매 경험이 있으신 분들은 구매대행을 건너뛰고 제품을 바로 OEM 방식으로 제조, 수입하여 판매합니다).

대량 등록 → 판매되는 제품 상세 페이지 다듬기 → 판매량 증가 제품 사입 → 상품 재포장 → 판매량 증가 후 로고 삽입 제작(OEM) → 브랜딩 → 판매 품목 확장

제품을 보니 대량으로 사입하면서 아주 가성비 있는 가격으로

판매하고 있는 것으로 보입니다. 인스타그램 운영 역시 하루에 게시글을 10개 내외로 업로드하여 퍼스널 브랜딩을 한 계정의 느낌보단 쇼핑몰과 비슷한 느낌입니다.

이와 같은 계정을 운영하고자 하신다면 우선 계정 팔로워가 0명일 때부터 나의 계정을 팔로우할 타당성이 있어야 합니다. 위의 계정처럼 제품 종류가 다양하고 가격이 저렴해서 나중에 또 다른 제품이 필요할 때 찾아볼 생각으로 팔로우한다거나, 상업 계정이지만 자주 특가 이벤트를 진행하여 나에게 이득이 될 수 있는 계정이라는 느낌을 지속적으로 노출해야 사람들은 팔로우를 합니다.

초반부터 계정을 그렇게 꾸려가기 위해서는 자본금이 다소 듭니다. 요즘은 일반인들도 자신이 팔로우한 수보다 자신을 팔로우한 수가 더 많기를 바랍니다. 직접적으로 이득을 주는 계정이라 하더라도, 검색을 통해 쇼핑만 할 뿐 팔로우를 눌러 재구매로 이어지는 경향이 전보다 줄었습니다. 말씀하신 것처럼 자녀분들이 성장한 이후 사업을 지속하시는 것이 염려되신다면 계정에 사람을 내세우기보다는 처음부터 정보성 계정 콘셉트를 잡고 가는 것도 좋습니다.

판매 방향은 생활용품으로 확실히 잡으신 걸까요? 아래의 예시는 육아 계정이지만 모두 적용되기 때문에 참고로 봐주시기 바랍니다.

계정 @***_official은 아이들과 가볼 만한 곳을 소개하는 계정으로 계정 주 개인의 노출은 전혀 없이 순수하게 정보만을 담습니다. 계정 규모가 어느 정도 커진 후 추가 계정(@b***_market)을 만들어

숙소, 육아템 등을 판매하는 마켓을 함께 운영하고 있습니다. 또 앱 서비스를 도입해 고객의 접근성을 높여 점점 더 기업의 규모를 키우고 있습니다.

이 계정도 초반에는 단순 아이들이 놀러 다닐 곳을 공유하는 계정으로 시작했습니다. 이후에 협찬, 원고료 수익, 앱 광고 수익, 마켓 판매 수익 등을 통해 직원의 수가 늘어나 기업의 형태를 갖추고 더욱 성장하고 있습니다.

계정 @***_room 역시 주인의 색을 빼고 살림과 관련된 정보를 제공하는 게시물이 대부분을 차지합니다. 이 계정의 릴스나 피드를 본 사람들에게 정리의 필요성을 강조하면서 본인의 스마트스토어로 유입을 유도하고 있습니다.

이곳에서 취급하는 품목의 종류는 약 30개 정도로 다소 많습니다. 하지만 생활용품 특성상 저가이며 부피도 크지 않기 때문에 만약 이 스토어처럼 연출하고 계정을 운영할 경우 각 제품별로 5~20개 정도씩 소량 사입해서 테스트 후 해당 제품을 활용한 생활정보를 지속적으로 발행할 수 있습니다. 유통기한이 없고 유행을 타지 않으며 재고가 오래 남아있더라도 변질의 위험성이 거의 없는 제품군이기 때문에 충분히 계정 규모를 키우며 바로 수익화 가능할 것으로 판단합니다.

하지만 이러한 생활용품, 인테리어 소품 등은 여성복에 버금갈 만큼 진입장벽이 낮습니다. 기존 셀러들이 많다는 점, 그래서 조급해 하지 말고 꾸준히 정보성 콘텐츠를 발행해야 한다는 점을 잊으

coco＿homeliving

120	184	754
게시물	팔로워	팔로잉

프로필 사진

앞치마를 하고 있는 단정한 모습. 허리선까지 보이는 멀리서 찍은 사진(계정 주인의 색을 많이 드러내지 않되, 계정 키우는 초반 소통의 대상이 누구인지는 잠재 고객에게 인지시켜야 하므로 추후 계정이 성장한 이후 로고로 변경 권장)

바이오 구성

코코홈리빙 | 예쁜 살림. 정리 꿀팁. 살림템 추천
▷ 15년 차 살림전문가. 딸 셋과 예쁜 살림 노하우
▷ 살림 꽝도 고수 만들어주는 꿀템 소개
▼▼ 아래 링크로 홈페이지 바로가기 ▼▼

두 번째 상담 내용을 반영한 프로필

시면 안 된다는 당부 말씀드리고 싶습니다! 초기에는 정보만 발행하기보다는 주부들을 대상으로 먼저 방문하고 '좋아요'나, 댓글을 통해 소통을 먼저 시작해주세요.

　현재 **님께서는 대량 등록과 판매 경험도 있으시기 때문에 바로 사입 후 계정에 정보성 콘텐츠 발행을 시작하셔도 좋을 듯합니다! 상업적인 방향으로 활동하고자 하신다면 계정 @***_room을 참고하시어, 국내 업체 소싱보다는 알리나 타오바오 등을 통해 제품을 가져와야 보다 경쟁력 있는 가격의 제품군을 구성하실 수 있습니다!

이후 판매량이 많은 제품부터 스토어 브랜드명이 적힌 포장지로 바꾸고 브랜딩을 시작할 수 있습니다(생활용품은 굳이 제품에 로고를 인쇄하거나 하는 OEM을 무리하게 하지 않아도 됩니다). 이후 점점 품목을 확장하면서 여러 쇼핑 플랫폼 입점, 홈페이지 개설, 인플루언서 협찬 및 공동구매 제안 등을 통해 위 사례와 같은 기업의 형태를 갖춰가시기 바랍니다.

누가 궁금해하겠어? 관점을 바꾸면 보이는 것들

인스타그램을 처음 시작할 때 가장 어려운 점 중 하나는 무엇을 올릴지에 대한 막연함일 것이다. 인스타그램 수익화를 하기 위해서는 다른 이들에게 도움이 되거나 궁금해 할 만한 콘텐츠를 만들어야 한다는 압박이 들 수 있다. 이런 부담감은 내가 갖고 있는 잠재력 혹은 내가 할 수 있는 이야깃거리들을 선뜻 꺼내놓기 더욱 힘들게 한다.

만약 누군가 산과 바다, 계곡에서 흔히 볼 수 있는 조약돌 사진, 릴스를 발행한다고 가정해보자. 아니 당신이 직접 '돌'을 판매해야 하고, 인스타그램을 통해 '돌'과 관련된 콘텐츠를 발행해야 한다면 어떨까? 막막하고, 답답하고, 막연할 것이다. 아마도 당신은 이렇게 생각할지 모른다. "어떤 미친 사람들이 '흔해 빠진 돌' 사진을 보고 좋아할까?" 하지만 아래 소개하는 실제 사례를 본다면 여러분의 생각과 관점은 180도 달라질 것이다.

돌을 판매하는 '온양석산'이라는 회사 계정의 돌 씻는 영상은 조회 수 930만 뷰를 돌파하며 화제가 됐다. 영상이 입소문을 타면서 돌을 구매하고 싶다는 일반 고객이 늘어났지만, 당시 이 회사는 20kg 단위로만 돌을 판매하고 있었다. 이에 네티즌들은 '반려돌'을 판매하라는 아이디어를 냈고, 온양석산은 반려돌 판매에 나섰다. 실제 온양석산의 반려돌은 판매 시작 40초 만에 준비수량이 모두 소진될 만큼 반응이 폭발적이었고 이러한 호응에 화답하고자 해당 판매금액을 기부하는 등의 행보를 보이기까지 했다.

만약 당신의 콘텐츠가 상대적으로 인기 없는 주제, 수요가 적은 주제라고 생각하는가? 적어도 '돌'보다는 수요가 많을 것이라 장담한다.

물론 위와 같은 사례의 경우 제품이 정말 필요해서 생겨난 수요는 아니다. 그보다는 판매자의 진정성이 잘 전달되어 팬심에 의해 판매가 잘 된 흔치 않은 케이스인 것은 사실이다. 하지만 여기서 우리가 주목할 점은 단순히 '내가 말하고자 하는 주제, 내가 잘하는 특정 카테고리의 주제'가 수요가 적거나 없을 것 같다고 생각해서는 안 된다는 것이다.

뜨개질을 너무 좋아하는 경우라면 어떨까? 단순히 뜨개질하는 방법과 관련된 내용이 물론 좋은 정보일 수는 있다. 하지만 모수가 너무 적지 않은가. 그렇다면 이 주제는 수익화하기에 적합하지 않은 것일까?

한 뜨개질 전문 계정의 경우 단순히 뜨개질 관련 정보만 업로드하지 않고 영상 촬영에 사용한 재료를 DIY 패키지 형태로 제작 판매함과 동시에 니팅 클래스를 모집하여 수익을 확장하고 있다. 너도나도 올리는 주제 '잘 팔리는 제품 소싱 방법'으로 글을 올리는 것보다 릴스 조회수는 낮더라도 구매 전환율이 높다는 것을 스마트스토어 등급을 보면 확인할 수 있다.

또 다른 예로 '1인 미용실 창업' 같이 더 수요가 적을 것 같은 주제는 어떨까? '1인 창업, 평생직장 구하기' 등의 주제는 상대적으

https://www.instagram.com/simmi_school/

'1인 미용실'을 주제로 하는 계정 심미스쿨의 피드

로 인기나 수요가 없을 수 있다. 하지만 전국의 1인 창업을 준비하는 사람, 앞으로 창업을 위해 준비하고 있는 사람 등을 대상으로 흔치 않은 정보를 발행하면 성공적일 수 있다. 또 연계된 컨설팅(1:1 코칭) 상품을 판매하거나, 강의 상품으로 구성할 수도 있다.

도저히 방법이 없다고 느낄 때 해결책

당신도 '큐레이터'가 될 수 있다. 무슨 말이냐고? 큐레이션curation 이란 채널 다각화 방법으로 자주 사용되는 마케팅 용어이다. 본래

직접 운영하는 계정으로 제안받았던 큐레이션 사례

박물관이나 미술관에서 작품을 수집하고 관리하는 큐레이터란 직
업에서 파생된 말이지만 최근 큐레이션이란 개념은 콘텐츠 재배포
라는 뜻으로 더 많이 사용되고 있다.

특정 분야의 정보를 개인의 목적과 방향에 맞게 분석하고 분류
하여 추천한다는 의미로, 필요로 하는 이들에게 맞춤 정보를 제공
하는 행위를 말하는데 실제 많은 분들은 이것을 표절이나 복제와
같은 개념으로 이해하고 있는 경우가 많다. 그렇기 때문에 보다 정
확하게 큐레이션을 어떻게 해야 단순 표절, 복제가 아닌 나만의 콘
텐츠라고 할 수 있는 것인지 분명히 짚어보아야 한다.

특정 지역의 핫플레이스를 소개하는 계정과 여행 콘텐츠 전문
계정(여행 지도 전문회사)으로부터 실제로 사진 제공 제안을 받은 적
이 있었다. 평범했던 게시물이 아주 이상적인 정보성 콘텐츠로 2차

가공되어 사람들에게 도움을 줄 수 있는 자료화되는 것을 직접 경험했다. 이 사례를 보면 표절, 복제와 큐레이션의 경계를 쉽게 이해할 수 있을 것이다.

또 이 사례를 참고해서 관심 있는 주제를 나만의 콘텐츠로 재가공해보길 바란다. 예를 들어 지역 맛집이나 카페, 연예인들의 패션 소품 혹은 레시피, 다이어트 정보 등등 어떠한 주제건 콘텐츠가 되는 데에는 크게 상관이 없다.

1. 원하는 주제 선정
2. '게시물을 어떻게 2차 가공하여 새로운 가치를 줄 것인가?' 고려하여 큐레이션 콘텐츠 선정
3. 원하는 연출, 콘셉트에 따른 계정(사진) 검색
4. DM 혹은 댓글로 사진 활용에 대한 동의 요청
5. 게시 후 원작자 태그 및 소개

SNS에 지속적으로 정보성 콘텐츠를 만들어 올린다는 것은 사실 엄청난 에너지와 시간, 비용이 드는 일이다. 일정 기간 동안 정보를 제공하다 보면 더 이상 새로운 콘텐츠를 발행하는 게 힘겨워 지는 경우가 많은 것이 사실이다. 실제로 처음에는 거주 지역 근처 위주로 아이와 함께 가볼 만한 곳에 대한 콘텐츠를 발행한 적이 있었지만, 비가 오나 눈이 오나 매주 새로운 장소를 찾아다니는 것이 부담이었다.

정보성 계정이라면 전문가 수준의 사진 및 동영상 촬영, 편집 기술이 있어야 한다는 선입견이 있다. 아직은 많이 부족한 사진 실력

추천하는 무료 리그램 어플 '리그램'과 'Reposta'

때문에 선뜻 도전하기 힘들 수도 있다. 무엇보다 직장이 있거나 바쁜 일상을 보내고 있는 상황이라면 정기적인 정보성 콘텐츠 발행은 스트레스가 될 것이 분명하다.

위와 같이 자주 사용하는 리그램(다른 사람의 게시물을 그대로 내가 다시 올리는 것) 무료 어플을 추천한다. 다양한 리그램 어플이 많으므로 하나씩 사용해보고 유용하게 활용하기 바란다.

SNS 수익화는 누구나 하고 싶다. 하지만 위와 같은 문제들에 직면하며 시작조차 하지 않았을지 모른다. 위에 소개한 큐레이션 방법들로 마음의 부담 없이 나만의 수익화 인스타그램을 꾸려보길 추천한다.

FOLLOW •••

PART 2

돈이 되는
인스타그램
세팅법은 따로 있다

#떡상 #전환율 #도달률

01 잘나가는 애들은 이미 알고 있는 초고속 성장비결

인스타그램은 그 어떠한 SNS보다도 접근성이 뛰어나고, 소통의 장이 활짝 열려 있다. 유튜브, 틱톡의 인기가 아무리 높다 한들 인스타그램만큼 소통이 활발한 플랫폼은 없다. 그 덕분에 작은 계정이라도 취향이 맞는 타인과 열정적으로 소통하며 실시간으로 새로운 인연을 만들 수 있다.

인스타그램은 계정의 크기(팔로워의 수)와 상관없이 협찬, 협업, 광고제안 등 다양한 기회를 그 어느 곳보다도 쉽게 얻을 수 있다. 수익화의 기회가 넘쳐나는 공간임에 틀림이 없다. 하지만 누군가는 왜 아직도 생산자가 아닌 소비자의 포지션에만 머무르고 있는 것일까? 혹은 수년간 인스타그램을 사용한 유저로서 누구보다 소통을 활발히 하고 있는데 왜 수익화로 연결이 되지 않는 것일까?

"1일 1포스팅 하며 열심히 콘텐츠를 발행하는데 왜 팔로워가 늘지 않지?"

"요즘 떡상한다('급상승한다'는 뜻의 신조어)는 릴스도 공들여서 제작하는데 왜 내 계정은 제자리걸음인 걸까?"

"릴스 조회 수가 갑자기 증가했는데 왜 팔로워 수는 큰 폭으로 증가하지 않는 걸까?"

실제로 릴스에 많은 공을 들여 콘텐츠를 제작하는 다수의 크리에이터 역시 이 점을 간과하는 경우가 많다. 인스타그램 크리에이터라면 누구나 인스타그램 탐색 탭 노출을 목표로 삼는다. 하지만 탐색탭에 노출되어 조회 수가 급증하였음에도 조회 수 대비 팔로워 수가 많이 늘지 않아 고민이라는 유저들이 상당히 많다.

만약 당신 역시 위와 같은 고민을 하고 있다면 혹은 콘텐츠를 본격적으로 발행하기 시작하는 단계에 많은 시행착오를 겪지 않기를 원한다면, 지금 당장 당신의 계정의 프로필 세팅이 어떻게 되어있는지 점검 해보길 바란다. 인스타그램 속 프로필은 나를 표현하는 명함과 같다. 사용자가 프로필을 어떻게 세팅해 두느냐에 따라 방문자는 당신의 계정 신뢰도를 판단하게 된다. 신뢰감 있는 프로필이 팔로우로 이어질 수 있다는 점을 꼭 기억해야 한다.

그렇다면 알고리즘을 타는 프로필 세팅과 유입된 사람들을 팔로워로 전환시키는 프로필 세팅 방법은 무엇일까?

전환율을 높이는 프로필 작성법

인스타그램은 개인이 브랜드가 될 수 있는 공간이며 소통을 기반으로 구축된 플랫폼이다. 이러한 특성 때문에 프로필(바이오)은 계정의 첫인상을 결정짓는 중요한 요소일 수밖에 없다. 직접 대면하지 않고 소통이 이루어지는 공간인 만큼 프로필은 팔로워와의 신뢰를 형성하는데 무엇보다 중요하다.

특히 개인브랜딩이 필요한 자영업자나 소상공인의 경우 프로필 내용을 통해 유입된 사람들이 잠재 고객으로 전환되고 이는 매출에 지대한 영향을 미친다. 그래서 프로필에는 당신이 무엇을 하는 사람인지, 어떤 가치를 제공하는지 명확하게 표현해야 한다. 본인의 직업과 그에 대한 설명, 경력과 수상 자격증, 공구 일정 혹은 블로그나 유튜브 등 홍보용 링크나 공구 일정 링크 등을 적는 것이 좋다.

단, 인스타그램은 문자 수에 제한이 있으므로 한 줄 안에 간결하고 명료하게 작성하는 것이 중요하다. 이모티콘을 사용해 부드러운 이미지를 연출하는 것도 좋다. 생각보다 타인은 나의 바이오 설명을 그렇게 자세히 살펴보지 않는다. 하고 싶은 말이 많아도, 직관적으로 무엇을 하는 사람이고 어떤 이득을 줄 수 있는 사람인지를 한눈에 알 수 있도록 표현하는 것이 훨씬 효과적이다.

특히 프로필은 팔로워로 전환이 될 때 가장 영향을 미치는 부분이므로 보다 세부적인 타깃 설정을 한 뒤 정성스레 작성해보자. 예를 들어 그냥 살림 노하우가 아닌 '딸맘이 전하는 예쁜 살림 노하우', 그냥 다이어트 레시피가 아닌 '5분 만에 끝나는 초간단 다욧레시피만 공유!' 등이 될 수 있다.

또 보통 사람들은 눈에 띄는 콘텐츠를 발견한다고 해서 바로 저장하거나 팔로우하지 않기 때문에 무심결에 지나치더라도 다시 기억해서 나의 계정을 쉽게 검색할 수 있도록 이름은 기억하기 쉽게 만드는 것이 중요하다.

이 점은 사용자의 패턴을 미리 예상해본다면 더욱 이해하기 쉽다. 사람들은 보통 버스나 지하철을 기다리는 동안 혹은 일과 중 잠시 쉬는 시간이나 점심시간 등을 활용하여 인스타그램을 이용하는 경우가 많다. 평소 궁금했던 정보나 필요로 하던 제품을 발견하게 되었을 경우 바로 구매전환 혹은 팔로우로 나의 잠재 고객이 될 가능성이 높은데, 이러한 상황에서 갑자기 휴게시간이 끝나거나 기다리던 버스나 지하철이 도착한다면 어떨까?

정신없는 일과를 마치고 뒤늦게 기억을 떠올려 휴대폰을 보았을 때 화면에서 계정이 이탈됐을 확률이 높다. 스치듯 지나치더라도 비슷한 단어가 떠오를 수 있도록 기억하기 쉽고 내가 발행하는 콘텐츠와 연계되는 아이디를 만들자.

인스타그램의 사용자 이름, 즉 아이디를 전략적으로 사용해야 하는 더욱 중요한 이유는 바로 내 계정의 노출도와 직결되기 때문이다. 요즘 인스타그램 공구 마켓이 인터넷 최저가보다 저렴하다는 점을 인지하고 있는 고객이 많아지면서 인스타그램을 단순 쇼핑 목적으로 사용하는 사람들도 많아졌다.

TIP **인스타그램 아이디 후보 팁**

- **요리 계정:** ~cook, ~table, ~foodie, ~dinner, ~joy, ~meal 등
- **살림 계정:** ~home, ~living, ~place, ~simple, ~salim, ~house 등
- **다이어트 계정:** ~fit, ~diet, ~slim, ~healthy 등

적극적으로 인스타그램 내에서 활동하는 사람들의 경우 오히려 협찬이나 공동구매, 자신의 브랜드 홍보 등 상품 판매에 목적을 두고 이용하는 반면, 가끔 필요한 물품이나 정보가 있을 때 이를 소비할 목적으로 인스타그램을 이용하는 사람들이 실제 나의 고객이 되는 경우가 많다.

그렇기 때문에 프로필 이름 세팅만으로도 사람들이 검색을 통해 나의 계정으로 유입되도록 해서, 내가 원하는 고객이 직접 나의 계정으로 찾아오도록 할 수 있다. 인스타그램의 검색 알고리즘 역시 사용자 이름을 중요하게 고려하기 때문에, 관련 키워드를 꼭 포함하자.

지금 계정 이름이 아무 의미 없는 알파벳의 조합이나 생일, 이름의 이니셜이라면 주제와 어울리는 이름을 만들어서, 알고리즘이 나의 타깃에게 내 계정을 보여줄 수 있는 가능성을 높일 수 있다. 사람들은 어떤 키워드를 검색할까? 궁금하다면 사이트 '키워드마스터'나 '네이버 검색광고', '블랙키위'를 참고해도 좋다. 궁금한 키워드를 입력한 후 관련 키워드를 참고하여 나의 계정에 어울리는

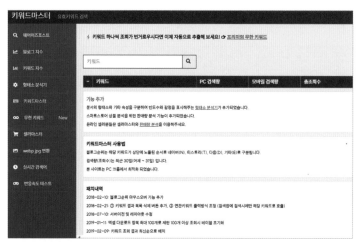

키워드마스터

네이버 검색광고

핵심 키워드를 선정해보자.

　　프로필 사진으로 인위적인 AI 생성 이미지나 멀리서 찍은 풍경 사진과 같은 사진을 사용한다면 계정의 주체가 모호하게 느껴질

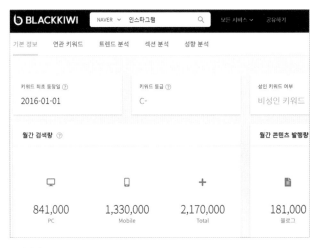

블랙키위

뿐만 아니라 진정성 있는 존재로 느껴지지 않을 것이다. 풍경 사진이나 브랜드 로고 등은 호기심을 유발하지 않으며 누구인지 정체성이 모호하기 때문에 클릭을 유도하기 힘들고 특히나 상업적인 계정인 경우라면 더욱 그러하다.

얼굴을 노출하기 꺼려지는 상황일 수 있다. 전달하는 정보가 더욱 믿음을 주는 정보로 보이길 바란다면 차라리 누가 봐도 가상의 이미지인 듯한 인위적인 사진을 사용하기보다는 계정 카테고리에 맞는 연출을 통해 얼굴 없이 브랜딩을 시도해볼 수 있다.

가령 요리 계정이라면 앞치마 입고 어깨선부터 상반신만 찍은 사진, 운동 계정이라면 몸매가 잘 드러나는 옆모습 혹은 뒷모습이 담긴 사진 등으로 표현해볼 수 있을 것이다. 쇼핑몰처럼 브랜드 계정이라면 어떨까? 옷 사진이나 로고보다는 대표 모델의 옷 착용 사

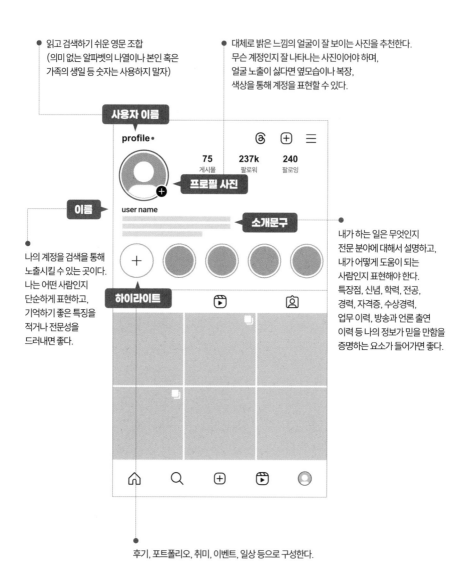

읽고 검색하기 쉬운 영문 조합
(의미 없는 알파벳의 나열이나 본인 혹은
가족의 생일 등 숫자는 사용하지 말자)

대체로 밝은 느낌의 얼굴이 잘 보이는 사진을 추천한다.
무슨 계정인지 잘 나타나는 사진이어야 하며,
얼굴 노출이 싫다면 옆모습이나 복장,
색상을 통해 계정을 표현할 수 있다.

사용자 이름

profile•

75 게시물 237k 팔로워 240 팔로잉

프로필 사진

이름

user name

소개문구

나의 계정을 검색을 통해
노출시킬 수 있는 곳이다.
나는 어떤 사람인지
단순하게 표현하고,
기억하기 좋은 특징을
적거나 전문성을
드러내면 좋다.

하이라이트

내가 하는 일은 무엇인지
전문 분야에 대해서 설명하고,
내가 어떻게 도움이 되는
사람인지 표현해야 한다.
특장점, 신념, 학력, 전공,
경력, 자격증, 수상경력,
업무 이력, 방송과 언론 출연
이력 등 나의 정보가 믿을 만함을
증명하는 요소가 들어가면 좋다.

후기, 포트폴리오, 취미, 이벤트, 일상 등으로 구성한다.

진이나 쇼핑몰 대표의 사진이 더 사람들의 시선을 잡아끌 것이다.

나에게 적합한 프로페셔널 계정 타입은?

인스타그램에서 콘텐츠를 발행하다 보면 내 계정이 어느 팔로워에게 노출되고 어떤 콘텐츠가 좋은 반응을 얻었는지 궁금했던 적이 있을 것이다. 그렇지 않더라도 돈이 되는 인스타그램 세팅을 위한 전략적인 콘텐츠 발행을 위해서라면 무조건 내가 발행한 게시물에 대한 분석이 필요하다. 이를 위한 프로페셔널 계정으로 전환은 선택이 아닌 필수다.

그렇다면 프로페셔널 계정의 두 종류인 비즈니스 계정과 크리에이터 계정은 어떤 차이가 있고 나는 어떤 종류의 프로페셔널 계정으로 전환해야 할까?

크리에이터 계정

▶ 장점

① **세분화된 인사이트**: 팔로워 증감, 콘텐츠 성과 등 자세한 분석 데이터를 제공하는 형태로 세세한 내 계정의 반응도를 체크할 수 있다.

② **편리한 메시지 관리**: DM을 '일반', '우선 순위', '요청'으로 분류하여 관리할 수 있기 때문에 업무적인 요청을 별도로 분류하는 등 보다 편리한 메시지 관리가 가능하다.

③ **더 많은 프로필 제어:** 연락처 정보 노출 여부, 카테고리 라벨 등을 세부적으로 조정할 수 있다.

④ **브랜드 파트너십:** 브랜드와 협업할 때 태그하거나 협업을 공개적으로 표시할 수 있기 때문에 나의 계정 성장에 도움을 얻을 수 있는 기회에 노출될 확률이 높다.

▶ **단점**

① **광고 기능 제한:** 비즈니스 계정만큼의 광고 기능을 제공하지 않을 수 있다.

② **타깃팅 옵션의 제한:** 비즈니스 계정은 더 세분화된 타깃팅 옵션을 제공할 수 있으며, 특정 산업군, 관심사 또는 행동 기반 타깃팅이 더 강력할 수 있는 반면, 크리에이터 계정의 경우 이러한 옵션이 제한적일 수 있다.

③ **광고 유형의 제한:** 비즈니스 계정은 스토리 광고, 카루셀 광고(여러 개의 이미지나 동영상을 하나의 광고에 효과적으로 담을 수 있는 형식)등 여러 형태의 광고 기능을 사용할 수 있지만, 크리에이터 계정은 이러한 옵션에 제한을 받을 수 있다.

④ **보고 및 분석 도구:** 비즈니스 계정은 광고의 성능을 분석하기 위한 보다 상세한 분석 도구와 보고 기능을 제공할 수 있다.

⑤ **직접적인 판매 및 쇼핑 기능:** 비즈니스 계정은 제품 태그를 이용한 직접적인 판매 기능을 제공할 수 있지만, 크리에이터 계정은 비즈니스 계정만큼의 유연성은 제공하지 않을 수 있다.

비즈니스 계정

비즈니스 계정은 브랜드, 소매업체, 기업 등 비즈니스를 운영하는 사용자를 위해 설계되었다.

▶ 장점

① **광고 및 프로모션**: 스토리 광고, 카루셀 광고(여러 개의 이미지나 동영상을 하나의 광고에 효과적으로 담을 수 있는 형식)등 여러 형태의 광고기능을 사용할 수 있다.

② **자세한 분석**: 팔로워 인사이트, 콘텐츠 성과 등 비즈니스에 중요한 데이터를 확인이 용이하다.

③ **쇼핑 기능**: 제품을 태그하고 직접 판매할 수 있는 쇼핑 기능을 사용할 수 있다.

④ **연락처 정보 및 위치 추가**: 프로필에 전화번호나 위치 정보를 추가할 수 있다.

▶ 단점

① **개인 정보의 공개**: 비즈니스 계정은 연락처 정보와 같은 특정 개인 정보를 공개해야 할 수 있기 때문에 개인의 프라이버시에 영향을 줄 수 있으며, 원치 않는 연락이나 스팸의 가능성을 증가시킬 수 있다.

② **인기음원 사용의 제한**: 인기 릴스에 사용한 우상향 표시가 되어있는 음원의 경우 릴스의 도달율이 증가한다는 공식이 있다. 하지만

비즈니스 계정에 지원하지 않는 음원이 사용될 경우 릴스가 재생되지 않기 때문에 작업의 효율성을 높이기 위해서라면 이 점을 꼭 염두에 둬야 한다. 실제로 같은 영상을 삭제 후 다시 업로드할 경우 도달율이 현저히 감소한다.

음원 문제로 재업로드를 해야 하는 상황이라면 영상 또한 다시 편집해야 하는 번거로움이 있다. 비즈니스 계정을 사용할 당시 유행하는 음원이 조회되지 않아서, 검색을 통해 음원 사용이 제한된 것을 알게 됐고 바로 크리에이터 계정으로 변경했던 경험도 있다.

③ 유기적 도달의 감소: 일부 보고서와 사용자 경험에 따르면, 비즈니스 계정으로 전환한 후 유기적 도달 범위가 감소했다는 주장이 있다. 인스타그램이 비즈니스 계정을 대상으로 광고를 유도하기 위해 알고리즘을 조정한다는 추측이 있다.

두 계정 유형 모두 고유의 장단점을 가지고 있다. 사용자의 목적에 따라 적합한 계정을 선택하는 것이 중요하다. 예를 들어, 개인 브랜드나 창의적인 콘텐츠를 중심으로 활동하는 크리에이터는 크리에이터 계정의 세부적인 인사이트와 메시지 관리 기능을 유용하게 활용할 수 있다. 반면 제품 판매나 브랜드 마케팅에 중점을 뒀다면 비즈니스 계정의 광고 및 쇼핑 기능이 도움될 수 있다.

뚜렷한 차이점을 느끼지 못한다면 크리에이터 계정으로 전환하는 것이 좋다. 요즘 인스타그램은 릴스로 인한 초고속 성장이 빈번하게 이루어지고 있다. 그리고 반응도 높은 릴스를 제작하는 방법

중 트렌디한 음원을 사용하는 것이 중요한 요소 중 하나인데, 비즈니스 계정은 음원 사용이 한정적이기 때문에 추천하지 않는다. 비즈니스 계정이라 하더라도 크리에이터 계정으로 변환하고 릴스를 집중적으로 발행하는 것을 강력 추천한다.

계정 공개 설정 및 프로페셔널 계정으로 전환하기

① 프로필 우측 상단의 아이콘 =를 누르고 '설정 및 개인정보'를 누른다.

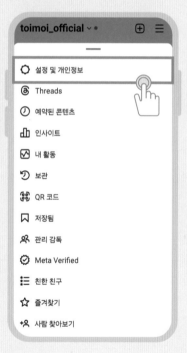

② 계정 공개 범위는 '전체 공개'로 설정한다.

③ 설정으로 이동 후 '계정 유형 및 도구'를 누르고 '프로페셔널 계정으로 전환'을 누른다.

④ 본인에게 해당되는 카테고리를 선택한 후 프로필에 표시할지 유무를 결정한
뒤 완료한다.

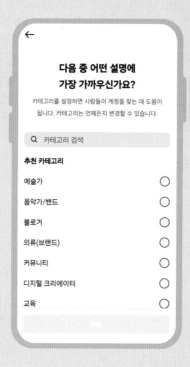

02 | 계정을 만들고 나서
가장 흔히 하는 실수

최근 인스타그램 수익화에 성공했다는 사람을, 아니 계정을 심심치 않게 볼 수 있다. 특히나 2023년도는 바뀐 알고리즘으로 인해 릴스를 키워 급성장한 사례가 셀 수 없이 많고 지금도 하루가 다르게 성장하는 계정이 넘쳐난다. 이쯤 되면 나도 도전해볼까? 싶은 마음이 들 것이다. 그래서 당신 역시 바쁜 일상을 쪼개 이 책을 읽고 있을 것이 아닌가?

돈이 벌리는 인스타그램 콘텐츠

"그간 소비자로서만 살아온 과거의 시간들이 아깝다. 핸드폰 화면 속 그들처럼 나도 협찬받고 돈을 버는 생산자의 삶을 살고 싶다."

이러한 설레는 목표를 갖고 인스타그램을 운영할 계획이라면 당부하고 싶은 몇 가지 주의사항이 있다.

첫 번째, 일관성 없는 콘텐츠!

돈을 벌기 위한 인스타그램을 운영하려면 전략적으로 콘텐츠를 발행하기 바란다. 게시물이 특정 타깃, 즉 나의 물건을 소비할 누군가에게 도달하기 위해서는 명확하고 일관된 콘텐츠 전략이 필요하다.

인스타그램 알고리즘은 사용자의 관심사와 상호작용 패턴을 기반으로 콘텐츠를 개인화하여 보여준다. 만약 당신이 게시하는 콘텐츠의 주제가 일관성이 없다면, 팔로워들이 일부 게시물에는 관심을 보이고 다른 게시물에는 관심을 보이지 않을 수 있다. 이러한 상황에서는 팔로워들의 관심과 상호작용이 분산된다. 이것이 반복될 경우 알고리즘은 당신의 게시물의 도달률을 점차 떨어뜨릴 것이다(팔로워를 사지 말아야 하는 이유도 이 때문이다).

관심도	상호작용
사용자가 특정 유형의 콘텐츠에 얼마나 관심을 보이는가	댓글, '좋아요', 저장, 공유 등 사용자와 게시물 간의 상호작용
신선도	**관계**
최신 게시물에 더 많은 가중치를 두는 경향	게시자와 사용자 간의 관계의 긴밀도

계정 초반 피드 실수 예시

　처음 인스타그램을 시작하는 대부분의 이용자는 일관적인 게시물을 올리지 않는다. 일단 수익화에 도움을 받기 위해 인스타그램 계정을 개설했다 하더라도 아직은 뚜렷한 전략이 없기 때문에 일상부터 올리기 시작할 것이다.

　당신의 계정은 어떠한가? 필자 역시 처음 인스타그램 계정을 만든 이유는 순전히 돈을 벌기 위해서였다. 전략은 고사하고 위와 같이 일상, 아이 사진, 제품 판매, 와인 협찬, 무드등 협찬글 등 일관성은 찾아볼 수 없었다. 최근 바뀐 인스타그램은 취미 기반 소통을 중시하고 있다. 수익화를 하고 싶다면 '다양한 주제'를 핑계로 삼은, 정체를 알 수 없는 모호한 계정 운영은 중단해야 한다.

　그리고 무엇보다 사람들은 개인의 일상에 전혀 관심이 없다. 내 아이의 사진 역시 마찬가지일 것이다. 아무도 관심이 없는 당신과 당신 가족의 일상을 게시하며 왜 '좋아요'와 댓글이 많지 않을까 고민하지 않기를 바란다. 아래 내용을 통해 인스타그램 알고리즘이 어떠한 요소들로 인해 영향을 받는지 참고하도록 하자.

당신의 게시물이 일관성 있는 주제를 유지하며 그들에게 도움이 될 만한 내용을 담고 있다면? 관심 있는 팔로워들이 지속적으로 상호작용할 가능성이 높아질 것이고, 알고리즘 최적화를 통해 도달률이 높아져 더 많은 이들에게 전파될 것이다.

두 번째, 당신의 관심사

지금 당장 인스타그램을 켜고 돋보기 단추를 눌러 탐색 탭을 살펴보도록 하자. 지금 당신의 핸드폰 화면 속에 뜬 게시물들의 주제가 일관성 있는가? 아마도 음식 사진, 예쁜 여성, 귀여운 강아지, 예쁜 인테리어, 돈 버는 방법, 유명인의 명언 등등 다양한 주제의 게시물들로 가득할 것이다. 당연히 그럴 수밖에 없다. 일반적으로 사람의 관심사는 한 가지일 수 없고 나를 팔로우하고 있는 사람들의 관심사 역시 제각각이기 때문이다.

하지만 아래의 방법으로 계정의 정체성과 알고리즘을 재정비해서, 내 계정에 관심 있어 할 주요 타깃층에게 보일 가능성을 높일 수 있다. 다시 말해 취미 기반으로 게시물을 유저들에게 추천하는 알고리즘의 선택을 받기 위해서는 내 계정의 알고리즘이 내가 만들어 내는 콘텐츠와 같은 주제인지를 점검해볼 필요가 있다는 말이다.

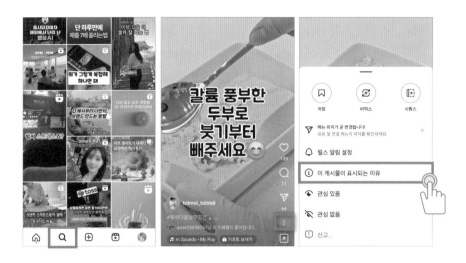

우선 돋보기 단추를 눌러 나의 검색 탭에 어떤 주제의 게시물이
노출되는지를 확인한 후 계정의 성격과 맞지 않는 게시글의 메뉴
를 눌러서 '이 게시물이 표시되는 이유'에 들어가 확인해본다.

게시물이 나에게 뜨는 이유가 과거 내가 시청했던 릴스일 수도 있고 내가 무심결에 저장했던 게시글의 크리에이터일 수도 있다. 가장 간과하기 쉬운 점은 나를 팔로우하는 사람이 특정 크리에이터를 팔로우할 경우이다. 아래와 같이 표시되는 것을 확인할 수 있다.

이 경우 예시와 같이 관심 없음 버튼을 누르고 수시로 해당 작업을 통해 내 계정의 주제를 재정비한다. 만약 이때 내가 지속적으로 발행 예정인 콘텐츠와 분야가 맞는 콘텐츠가 뜬다면 '관심 있음' 버튼을 눌러 알고리즘을 더욱 확실히 만들 수도 있다.

세 번째, 당신의 팔로워

혹시 무분별하게 아무 계정과 선팔(선팔로우), 맞팔(맞팔로우) 작업을 하고 있지는 않은가? 혹은 게시글에 '#선팔 맞팔' '#맞팔 해요' 같은 태그를 달고 있지는 않은가? 설령 품앗이를 한다 하더라도 나와 같은 관심사를 둔 사람들과 해야 한다.

나에게 먼저 팔로우를 걸어온 누군가가 고맙다고 무턱대고 맞팔할 것인가? 방금 '관심 없음' 버튼을 누르며 계정의 주제를 다시 잡아나가는 과정을 거쳤다면, 이러한 행동이 나의 계정의 정체를 모호하게 만드는 지름길이라는 사실을 깨달았을 것이다.

사실 위와 같은 경우는 그래도 정리하지 않고 계정을 운영해도 큰 문제는 없다. 정리해야 하는 가장 골치 아픈 팔로워가 있는데, 바로 유령 계정이다. 내 계정의 팔로워 목록에서 눈에 띄는 부업 계정, 즉 유령 계정은 바로바로 삭제하는 것이 좋다.

유령계정이 사용할 법한 키워드(부업, 재테크, 여성 등)를 검색하여 조회되는 계정으로 하나씩 삭제할 수도 있지만 이제는 위와 같이 '검토를 위해 플래그됨'이라는 탭이 생기면서 계정관리가 더욱 편리해졌다. 팔로워 1,000명 이상부터 생기는 기능으로, '플래그됨' 탭에 뜨는 계정은 아래와 같다.

- 여러 계정을 단시간 안에 팔로우하거나 언팔로우하는 등 비상식적으로 빠르게 오류로 간주될 행동을 하는 계정
- 지속적으로 스팸 메시지를 보내는 계정
- 다른 사용자로부터 신고를 받은 계정

1. 프로필 우측 상단 줄 세 개 클릭
2. '친구 팔로우 및 초대' 클릭
3. '검토를 위해 플래그 지정' 버튼 활성화

인스타그램의 공식 발표에 따르면 이러한 스팸, 봇 또는 관련 없는 계정을 삭제하면, '플래그된 계정'이 내 계정의 도달율을 낮추는 악영향이 차단된다고 한다.

만약 가계정을 구매한 적이 있거나 무턱대고 나의 타깃을 고려하지 않은 무분별한 선팔 맞팔 품앗이를 통해 계정을 키운 경우라면 경우에 따라 새롭게 계정을 만드는 것을 고민해야 한다.

알고리즘 재정비의 시간을 가졌거나 신규 가입한 계정의 경우이제 본인의 관심사가 무엇인지 알고리즘에 알려주는 과정이 필요하다. 나의 온라인 수익화를 위한 타깃층이 좋아할 만한 계정을 해시태그 검색을 통해 찾아가거나, 돋보기를 눌러 관련 게시물에 '좋아요'를 누르고 저장하거나 팔로우하는 등의 액션을 통해 내 계정의 카테고리를 명확히 할 수 있다.

어떤 게시물을 어떻게 올려야 할까?

사람은 생각보다 단순한 동물이다. 글을 읽고 난 직후 바로 행동할 수 있는 메시지를 전달해야 전환율을 높이기 더욱 유리하다는 점은 이미 여러 연구결과를 통해 확인되었다. CTACall To Action는 사용자의 반응을 유도하는 행위 혹은 요소를 뜻하는 마케팅 용어이다. 허브스팟HubSpot의 연구에 따르면, 블로그 게시물에 배너 광고 대신 CTA를 사용하면 전환율이 121% 증가한다고 한다.

이러한 연구 결과는 CTA의 사용 및 최적화가 전환율에 상당한 영향을 미칠 수 있음을 시사한다. 따라서 인스타그램 게시물에 CTA를 추가하는 것이 전환율을 높이는 데 도움이 될 가능성이 높다. 애써 모은 내 계정의 방문자가 스쳐 지나가지 않도록 "나의 계정이 마음에 든다면 저장, 친구에게 전달, 팔로우하세요!" 등 즉시 행동으로 옮길 수 있는 지시어를 통해 팔로워 수를 3배 늘릴 수 있다. 이밖에도 전환율을 높일 수 있는 다양한 방법들이 있다.

노출 잘되는 계정은 어떻게 만들 수 있을까?

얼마 전까지는 릴스를 정해진 시간에 정기적으로 게시하는 것이 릴스 도달율에 큰 영향을 줬다면 지금은 그 정도가 반감됐다. 작년까지만 해도 해시태그는 어떻게 전략적으로 사용할지에 대해 연구할 만큼 중요했지만 지금은 해시태그를 하나도 쓰지 않아도 노출이 잘 된다.

한때 '해시태그는 이제 필요 없다'는 여론이 형성됐지만, 알고리즘이 다시 변경되어 지금 4~5개의 적절한 해시태그는 게시물 노출에 도움을 준다. 혼란스럽다고? 지금 이 글을 쓰면서도 매우 혼란스러운 상황이다. 이 글을 쓰고 있는 지금도 인스타그램의 알고리즘은 계속 바뀌고 있다.

구글 투명성 센터Meta Transparency Center 공식 랭킹 시스템에 따르면 인스타그램에는 한 번도 사용하지 않았던 사진, 영상을 올려야 한다. 중복 게시물의 경우 질이 낮은 게시물로 분류하고, 노출을 축소한다고 발표했기 때문이다. 하지만 실제로 중복 영상을 올린 다수의 사람들은 반응이 좋았던 릴스를 재업로드하고 있다. 이유는? 또 터지니까!

다수의 인플루언서는 반응이 좋았던 릴스를 일정 시간이 지난 뒤 다른 시간대에 같은 재업로드해 다른 시간대에 활동하는 타깃을 한 번 더 공략한다. 또 선호도가 급변하는 주제가 아니라면 나의 타깃이 좋아했던 콘텐츠가 다시 반응을 얻을 확률이 높기 때문에 어느 정도 시간이 지난 뒤 재업로드해서 비슷한 반응을 다시 유도할 수 있다. 가령 주말 이후 살 빠지는 레시피에 대한 반응이 좋았던 경우? 다음 주말 이후 다시 업로드하는 식이다.

다만 공식적으로는 중복 콘텐츠를 권장하지 않고 있기 때문에 어느 정도의 시간 간격을 두고 재업로드를 해도 괜찮을지에 대해서는 정확한 답변이 불가하다. 공식 발표와 다르게 게시물을 재업로드해도 게시물의 도달률이 떨어진다거나 알고리즘이 망가지는

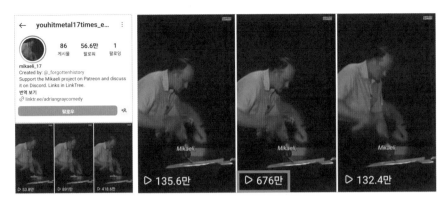

동일한 릴스로 높은 조회 수가 나온 외국 계정

등의 페널티를 확인할 수 없고, 오히려 더 긍정적인 반응을 얻은 경우가 많기 때문이다.

그렇다고 재업로드를 권장할 수도 없지만, 매일 양질의 정보성 콘텐츠가 부담스러울 경우 참고해볼 수 있다. 아래의 계정은 매일 똑같은 영상을 올리면서도 높은 조회 수를 달성한 외국의 한 계정이다. 열흘 동안 동일한 릴스를 게시하는 동안 9일 차에 418만 뷰를 달성, 10일 차에 891만 뷰를 달성했다. 그리고 37일째 업로드 이후 676만 뷰를 또 다시 기록했다.

유튜브, 틱톡과는 달리 인스타그램 내에서는 중복 콘텐츠를 보다 관대하게 노출을 잘 시켜주고 있고 알고리즘을 타기도 한다는 점을 확인할 수 있다. 동일한 릴스 재업로드를 적극 권장하는 것은 아니지만 개인의 선택에 맡기도록 하겠다.

위 내용을 쓴 지 단 몇 시간 만에 내용을 수정해야 할 정도로 인

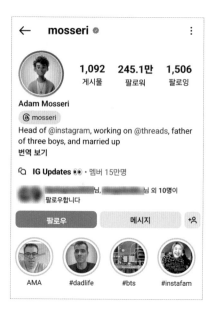

아담 모세리의 인스타그램 계정

스타그램의 알고리즘은 급변하고 있다. 이 책이 출간된 이후 어떤 부분이 또 변할지 모를 일이기에 인스타그램 수익화를 위한 성장 계정을 하나 만들어서 정보를 공유할 예정이다. 온라인 수익화를 위한 최신 정보와 사례 등을 업로드할 예정이니 참고하길 바란다.

계정 성장을 위해 1일 1피드라는 말이 생겨날 정도로 의무적으로 게시물을 올렸던 과거와 달리 지금은 빈도 수보다는 사람들에게 도움이 되는 양질의 콘텐츠를 올리는 것이 더 유리하다고 보기도 한다.

이렇게 수시로 변하는 인스타그램 알고리즘에 대응하기 위한 가장 좋은 방법은 바로 인스타그램 CEO 아담 모세리Adam Mosseri의

인스타그램에서는 원본 콘텐츠에 대한 보상을 더욱 강화하기 위해
몇 가지 변경을 발표하고자 합니다.
첫째, 추천된 콘텐츠 중에서 재게시된 내용을 찾게 되면,
그것을 원본 콘텐츠로 교체할 예정입니다. 또한 재게시된 콘텐츠에는
원본 콘텐츠로 연결되는 태그를 추가하고,
이 태그는 재게시한 사람의 팔로워들에게 계속 보이게 됩니다.
둘째, 자신이 만들지 않은 복사된 콘텐츠를 반복해서 공유하는
'aggregators(콘텐츠 집합 계정)'는 추천에서 제거될 것입니다.
콘텐츠 집합계정을 운영하는 여러분에게는, 자신만의 독창적인 방식을
찾아 콘텐츠를 개선하여 계속해서 추천받기를 권장합니다.
이러한 변경은 몇 달 안에 진행될 예정이지만,
미리 알려 드리고 싶었습니다. 많은 의견이 있을 것으로 예상되며,
그 의견들을 환영합니다. 여러분의 생각을 알려주세요.

공식 계정을 팔로우하고 그가 올리는 소식을 바로 적용하는 것이다.
이 글을 쓰고 있는 이 시점에서 가장 최근에 업로드된 내용은 이러
하다.

해당 내용은 한국 시간 2024년 5월 1일 밤 11시 경에 게시됐다.
만약 알고리즘이 변경된다면 당장 내일이라도 가장 먼저 판매 예정
인 제품의 홍보를 위한 '리그램 이벤트'를 기획해서 적용할 것이다.

첫 번째 발표 내용을 살펴보면, 재게시된 내용은 원본 콘텐츠로

교체할 예정이라고 하니 이벤트에 참여하여 나의 게시물을 리그램 한 타 계정의 게시물은 내가 올린 원본 게시물로 대체될 것이다. 원본 콘텐츠인 나의 계정이 이벤트 참여자의 팔로워들에게 노출된다고 해석할 수 있다.

또한 두 번째 발표내용을 보면 콘텐츠 집합 계정, 즉 큐레이션 계정이 조만간 추천 탭에서 사라질 것이다. 기존에 비슷한 결의 계정을 운영하던 사람이라면 긴장해야 할 대목이다. 다만 원본을 2차 가공하여 본인만의 스타일로 재해석한, 단순히 퍼다 나른 정보성 게시물이 아니라면 어떻게 분류될지는 지켜봐야 할 듯하다.

하지만 타 계정에 동의를 구하고 사진을 다운받아 그대로 올리는 행위는 인스타그램이 업로드한 사진을 인식하여 동일 사진으로 분류할 수 있다. 대표적으로 지역 맛집이나 여행 핫플 소개 계정 등에서 많이 사용하는 방법인데, 블로그와 같이 이미지 중복으로 인식할 우려가 있다.

아담 모세리는 인스타그램을 사람들의 관심사를 연결해주는 도구라고 말한다. 알고리즘은 비슷한 관심사를 가진 사람들이 서로 연결되도록 하기 위한 방향으로 변화하고 있다는 본질을 기억하고 적용한다면 노출이 잘되는 계정이 무엇일지 해답을 찾을 수 있을 것이다. 아래의 내용은 최근까지 발표된 내용을 토대로 노출 잘되는 게시물을 올리기 위한 몇몇 조건이니 참고하기 바란다.

첫째, 내 타깃의 관심사를 지속적으로 연구하고, 그들에게 도움이 되는 다양한 콘텐츠 발행하기 위해 노력할 때 더 많은 사람들과 연결될 수 있는 기회를 갖게 된다. 지금이라도 개인의 일상 공유를 중단하고 나의 팔로워들에게 어떠한 주제와 내용의 게시물이 도움이 될지 기획하고 게시를 시도해보자.

둘째, 릴스 시청자가 중도 이탈할 경우 크리에이터에게 페널티를 줄 만큼 인스타그램은 양질의 콘텐츠를 업로드할 것을 요구하고 있다. 첫 번째 말한 내용과 이어서 생각해볼 수 있다. 나의 타깃들이 좋아하지 않는 게시물을 올려 그들이 영상을 끝까지 보지 않고 이탈한다면, 페널티가 부여되어 더 이상 많은 이들에게 노출되지 않으므로 도달률도 감소할 것이다.

셋째, 방금 언급한 내용을 생각한다면 예전과 같이 1일 1피드를 고수하는 것보다는 2~3일에 한번 게시물을 올린다 하더라도 나의 타깃들에게 도움이 되는 양질의 정보를 전달하는 것이 더 나의 계정 성장에 긍정적인 요소로 작용한다고 볼 수 있다.

물론 여건이 된다면 양질의 1일 1릴스를 발행하는 것도 좋다. 매일 무리해서 올리는 정보가 반응을 이끌어낼 수 있을 정도의 가치가 있다면 말이다. 그렇지 않다면 다른 사람들에게 추천으로 뜨지 않고, 바이럴이 중단될 것이다. 그러니 1일 1피드에 집착하기보다는 내용을 어떻게 만들지 심도 있게 고민하는 것을 추천한다.

예를 들어 첫날은 영상을 어떻게 연출할지, 스크립트는 어떻게 쓸지 등을 고민하고 타 계정을 벤치마킹하는 시간으로 활용한다. 다음날은 영상을 빠르게 찍고 구상한 대로 편집하여 업로드한다. 이렇게 단계를 거쳐서 중도 이탈하지 않고 저장과 공유를 부르는 퀄리티의 릴스를 발행할 것을 권장한다.

넷째, 나의 계정을 팔로우하는 사람의 수가 증가해야 한다. 안정적이고 지속적으로 팔로워가 증가하면 계정이 활성화되어 있고 참여도가 높다는 신호로 작용한다. 그래서 더 많이 노출되는 것은 어찌 보면 당연하다. 그렇기 때문에 게시물을 올리기 전에 다음에도 또 보고 싶은 정보를 제공해줄 것을 기대하게 만드는 일관성 있고 가치 있는 이야기인지 생각해볼 것을 강조하고 싶다.

릴스를 올리면 더 빠르게 성장할까?

인스타그램 릴스를 올리는 것이 일반 사진 게시물보다 계정 성장에 더 도움이 된다는 점은 지금 인스타그램에 접속해 돋보기 모양 아이콘의 탐색 탭만 봐도 알 수 있다. 릴스 콘텐츠의 비중이 일반 사진보다 훨씬 크기 때문에 다른 사람들의 클릭을 받을 확률이 높아진다.

동영상은 사진보다 시각적으로 더 사람의 시선을 사로잡고 매력적으로 느껴지게 할 수 있고 정보의 전달력 역시 더욱 높다. 화면이 전환되는 영상은 사진보다 더욱 집중력을 향상시킨다. 인스타그램 내에서 릴스라는 콘텐츠 형태를 권장한다는 이유뿐만 아니라 사람의 심리 구조상 영상이 더욱 유리할 수밖에 없다.

도달률 높이는 콘텐츠 체크리스트

● 클릭하고 싶은 섬네일thumbnail을 사용했는가? ☐

● 후킹hooking 문구가 너무 평범하지는 않은가? ☐

● 타깃 대상의 규모가 너무 좁지 않은가? ☐
  ('30대 여성의 단기 다이어트 꿀팁' vs '1주일에 −3kg 치트키')

● 너무 많은 정보를 담고 있지는 않은가? ☐

● 소리 없이 볼 수 있도록 자막을 달아두었는가? ☐

● 너무 어려운 단어를 사용하지는 않았는가? ☐

● 영상 길이가 3초 미만이지는 않은가? ☐

● 영상 길이가 20초 이상이지는 않은가? ☐

● 영상의 내용과 음원이 잘 어울리는가? ☐

● 다음에 이어질 콘텐츠를 기대하게 만드는가? ☐

인스타그램 피드구성의 나쁜 예

피드 구성의 나쁜 예 vs 좋은 예

같은 종류의 제품을 시간차를 두지 않고 반복적으로 협찬 받는 것은 좋지 못하다. 수익화를 목적으로 하지 않는다고 하더라도 기존 팔로워와 예비 협찬사 입장에서 볼 때 신뢰도가 떨어질 수 있다.

만약 하나의 계정에 연달아 아래와 같은 종류의 제품을 추천하는 피드가 올라온다면 과연 진정성이 느껴질까? 어제는 A로션이 좋다고 홍보했는데 3일 뒤 B로션이 좋다고 홍보한다면 아무리 단순한 협찬 피드라도 하더라도 신뢰도가 떨어지는 것은 당연하다.

만약 공동구매 혹은 자신의 브랜드 제품을 판매하는 셀러라면 어떻게 게시물을 올리는 것이 좋을까? 공구 전과 진행 중, 공구 후

인스타그램 피드 예시

에도 내가 어필하고자 하는 제품의 강점과 실생활에서의 사용 모습, 이벤트, 관련 뉴스 기사, 활용법 등을 안내하여 반복 노출하는 것이 좋다.

직접 운영하고 있는 인스타그램 계정의 공동구매 홍보 피드를 예를 들어 설명하자면, 우선 잠재 고객에게 내가 소개할 제품에 대한 관심과 기대감을 심어주는 단계가 필요하다. 위 이미지 속 ①번 '혈당 실험 5탄'으로 시작하는 릴스 영상 내용은 라면을 먹고 난 뒤 혈당 상승을 억제하는 효과가 있다고 홍보하는 보조제를 먹을 경우 실제로 혈당 스파이크를 잡을 수 있을지에 대한 실험이다.

해당 영상을 올리기 며칠 전부터 연속혈당측정기를 부착한 뒤 혈당 테스트를 하는 실험 영상을 올리면서 자연스럽게 호기심을 풀어보는 주제로 영상을 기획했다. 피드에서 제품을 자연스럽게 노출시켰고 영상 말미에는 "이 제품 진짜 효과 있는데 혹시 체험용 필요하신 분 계실까요?"라고 질문하며 은연중에 체험용으로 뿌릴 만큼 자신 있는 제품이라는 점을 내비쳤다.

그렇게 ②번 게시물로 체험단 모집을 진행하여 총 78개의 체험 신청 댓글이 달렸고, 2차수 공구 오픈 전 동일하게 진행한 체험단 이벤트 모집 게시물의 댓글은 193개나 달렸다.

이후로 ③번 피드처럼 꾸준히 해당 제품과 연관성이 있는 주제의 릴스나 게시물을 발행했다. 당첨자 발표 후 택배 발송이나 테스트 등으로 일정 기간이 확보되어야 하는 기간 뒤에는 ④번 피드와 같이 후기를 노출시켜 기대감을 고조했다. 여기까지의 과정이 공구 오픈 당일 이전까지 이루어지는 사전 작업이다.

보통 오픈 10일 전부터 체험단 모집이나 알림 이벤트 등을 통해 사람들의 관심을 집중시킨다. 공구 예정인 해당 제품이 무엇이며 왜 이렇게 무료로 제공하면서까지 자신 있게 추천하는지에 대한 간단한 핵심 전달 단계라고 생각하면 된다. 그리고 공구 오픈 3일 내 상품의 후기나 카톡을 통해 지인들에게 소개하며 나눈 대화 내용, 사용 전과 후 효과 확인이 가능한 사진 등을 노출시켜 기대감을 증폭시킨다.

그렇게 공들인 공동구매 오픈 전날이 되면, 이제까지의 피드를 보며 조금이라도 궁금해했을 잠재 고객들이 빠르게 유입될 수 있

toimoi_toimoi
EVENT
혈당상승억제
체지방감소
지방합성억제
배변활동
바이어트 체험단 모집
《바이어트 10포 / 10명 》
인사이트 보기
게시물 홍보하기
님 외 여러 명이 좋아합니다
toimoi_toimoi #바이어트체험단 이벤트💜... 더 보기

체험단 모집 피드

도록 포지셔닝하는 단계를 거친다. 보다 객관적인 자료, 가격대, 실제 구매 시 얻을 수 있는 효과 등을 구체적으로 안내하며 제품이 기다려지도록 유도한다.

오픈 당일이 되었을 때 첫 매출을 끌어올리기 위한 선착순 이벤트를 진행해도 좋다. 이날 올리는 게시물의 내용은 고객이 나에게 동질감을 느끼도록 하는 것이 좋다. '고객이 겪고 있는 문제점과 고민 등을 나 역시 겪었고 어떻게 극복했는지' 공감하고 솔루션을 제공하는 것이다. 나도 판매자 이전에 소비자의 입장에서 고민하고 그 점을 해결하기 위해 '내돈내산하는 제품'이라는 점을 이야기하는 것이 좋다.

공동구매 첫날에는 게시물을 오전, 오후 각각 2개 정도 올리는 것을 추천한다. 내용은 어떤 사람들에게 필요한 제품인지, 제품을 통해 느낄 수 있는 즉각적인 효과나 반응, 기능이나 원료에 대한 효과, 안정성과 위생, 원산지 등이 담기면 좋다. 타 제품을 굳이 찾아보지 않아도 이 제품 하나면 충분하다는 것을 전달한다.

그리고 공구 2일 차에는 나의 타깃이 가장 많이 고민하고 있는 부분에 대한 중점적인 기능을 강조하고, 공구 기간에 주문할 경우 얻을 수 있는 혜택을 안내한다. 이때 주문양이 어느 정도 확인된다면 주문서 캡쳐본 혹은 화면녹화본을 인증해서 많은 사람들이 구매한 신뢰할 만한 제품이라는 점을 전달한다.

마지막 3일 차가 되면 지금까지 수집한 제품의 후기를 다시 강조한다. 타 제품과 비교가 가능하다면 관련 영상이나 사진을 올리는 등 이탈을 방지하는 목적으로 게시물을 제작한다. 그리고 언제까지 링크가 열려있을지 전달하며 지금까지 폭발적인 성원을 보내주신 점에 대한 감사 인사 겸 이벤트 게시글을 올린다. 이벤트 결과 발표 날짜, 다음 공구 예정일 등을 안내하면서 마지막 구매찬스를 놓치지 말 것을 당부하면 공동구매 진행이 마무리된다.

이렇게까지 공들여서 제품을 판매하는 것이 번거롭고 귀찮게 느껴지는가? 공구 오픈 전 어떤 내용의 게시물을 올릴지 미리 기획만 한다면 생각보다 간단한 업무이다. 하루 1시간 내외로 게시물 올리는 시간만 할애하면 된다. 이러한 과정을 거친 해당 제품의 첫

- **오픈 10일 전:** 체험단 모집 / 알림 이벤트로 관심 끌기
- **오픈 전날:** 객관적인 자료, 가격대, 구매 시 얻을 수 있는 효과 등 상세내용 안내
- **오픈 당일:** 선착순 이벤트로 초기 매출 확대 / 고객이 겪고 있는 문제점에 공감하는 콘텐츠나 솔루션 올리기 / 제품 상세정보 안내
- **공구 2~3일 차:** 타깃 고객을 겨냥한 핵심 기능 강조 / 공구기간 혜택 안내 / 매출 인증
- **공구 오픈 3일 내:** 후기나 지인과 대화 내용, 사용 전후 비교 사진 등으로 고민을 확신으로 바꾸기
- **마지막 3일 차:** 타 제품과 비교를 통한 구매 확정 유도 / 구매 감사 인사 및 마지막 혜택 기한 안내
- **공구기간 중 :** 오전, 오후 게시물 2개 업로드 추천

번째 공구 때는 체험단 비용을 포함한 순수익 약 100만 원을 얻었고, 같은 방식으로 2차 공구를 진행하여 순수익 약 200만 원을 얻었다.

지금 아르바이트 사이트에 접속해서 내가 할 수 있는 일을 검색해봤다. 아이가 등원했을 시간 동안 집 근처 학원에서 채점 알바를 하거나 빵집, 카페에서 오후 1시부터 6시까지 시급 1만 원 내외의 보수를 받는 일이 대부분이다. 주 5일 하루 5시간씩 일해도 한 달 동안 벌 수 있는 돈은 120만 원이 안 된다. 시간을 자유롭게 쓸 수 없는 개인적인 사정이 있으면 이마저도 선뜻 시작하기 힘든 현실이다. 아직도 위와 같은 과정이 귀찮게 느껴지는가?

무조건 12시, 6시에 올리는 게 정답일까?

우선 결론부터 말하자면 딱 떨어지는 정답은 없다. 각 계정별 팔로워들의 사용양상에 따라 달라지기 때문이다. 그래도 처음 시작하는 이들을 위한 보편적인 내용은 다음과 같다.

주말 vs 평일?

업로드는 주말보다는 주중에 하는 것이 더 좋다. 직장인이라면 밀린 늦잠을 자거나 주중에 못 했던 취미생활을 할 수도 있고 날씨가 좋을 때에는 야외로 데이트, 가족여행을 떠나는 경우가 많다. 특히 일요일은 인스타그램 게시에 가장 최악의 날이라는 말이 있을 정도다.

게시물을 아예 발행하지 말라는 것은 아니지만, 아주 중요한 내용이나 공들여 만들어서 많은 이들에게 전달되었으면 좋겠다고 생각한 내용의 콘텐츠라면 주말에는 잠시 아껴두길 권장한다. 주말 이틀 중 하루 꼭 게시물을 업로드해야 한다면 토요일 11시 전후를 추천한다. 이 시간대가 늦잠을 자고 일어나 점심에 무엇을 먹을지, 오후에 어디를 놀러나갈지 등의 정보를 검색하는 보편적인 시간이기 때문이다.

몇 시에 업로드할까?

사람들은 어떠한 패턴으로 하루 일과를 보내는가? 보통 인스타그램은 아침저녁 출퇴근길 대중교통을 기다리거나 이동 중 잠깐씩, 오전 일과를 마치고 점심 식사를 기다리며, 식후 커피숍에서 보내는 시간 등등에 이용할 것이다. 따라서 평일에는 비교적 스마트폰 사용이 자유로운 시간대가 업로드에 적절하다고 할 수 있다. 그리고 예상 외로 새벽 1~2시에 의도적으로 업로드할 수도 있다. 이 경우 게시하는 사람이 비교적 적고 새벽에 활동하는 고정 인원이 있어서 동시다발적으로 게시물이 올라오는 낮 시간보다 높은 참여도를 기대해볼 수도 있기 때문이다.

한 주가 시작되는 주 초반에는 주말 동안 밀린 업무에 제일 바쁜 날이다. 다른 날에 비해 비교적 인스타그램 접속률이 낮은 편에 속한다. 직장인이 아닌 자영업자도 주말 동안 주문받은 제품의 발주, 고객 CS 등의 업무량이 더 많을 수 있다. 부모의 경우에도 월요일은 어린이집에 보내야 하는 세탁된 낮잠 이불이나 행사 참여 동의서, 주간 일정 준비물 챙겨 보내기 등 가장 바쁘게 지내는 요일이다.

그렇기 때문에 수요일~금요일이 높은 반응도를 기대할 수 있다. 특히 수요일은 마케팅 관련 업체들의 분석 결과 인스타그램 접속률이 제일 높다고 하니 참고해도 좋다. 다만 금요일 저녁은 또 한 가지 변수가 있는데, 소위 '불금'이라는 말이 나올 정도로 주말을 앞둔 저녁 시간대에 친목행사가 많기 때문이다.

하지만 나의 계정에 알맞는 업로드 시간을 확인하는 가장 정확도 높은 방법은 나를 팔로우하는 사람들의 패턴을 미리 조사하는 것이다. 나의 타깃층이 인스타그램을 사용하는 시간은 프로필 우측

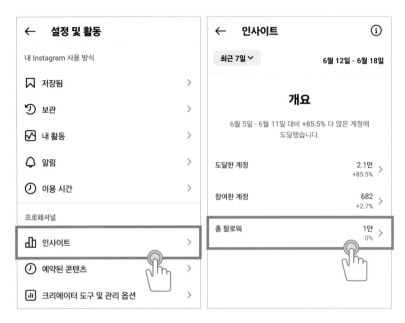

'인사이트' 기능으로 팔로워 정보를 확인하는 방법

상단의 아이콘(≡)을 누르고 인사이트를 클릭한 후, 총 팔로워 숫자
클릭하면 확인할 수 있다. 팔로워 증가폭부터 팔로워들이 많이 살
고 있는 지역, 연령대, 성별 모두 확인 가능하다. 무엇보다 가장 많
은 활동을 하는 요일과 시간대를 알 수 있다.

　또 인스타그램을 통해 홍보 및 판매활동을 하면서 몇 시쯤 구매
전환이 잘 일어나는지 주문시간을 확인할 때가 있다. 주요 타깃의
인스타그램 활동시간대를 유추해볼 수 있었다. 나는 아이를 키우는
나와 같은 주부가 계정의 타깃이기 때문에 내가 바쁜 시간대에는
확실히 주문이 덜 들어온다.

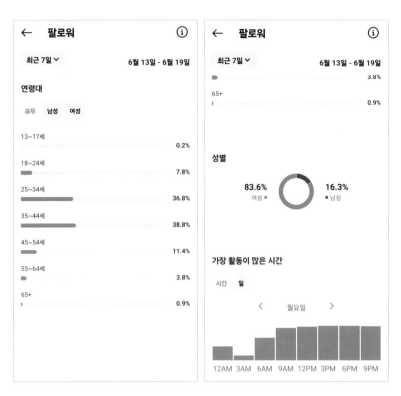

다양한 정보를 확인할 수 있는 프로페셔널 대시보드

반면 내가 아이들을 등원시키고 업무에 집중하는 시간에는 마찬가지로 여유 있게 소비활동을 많이 하는 주부들을 심심치 않게 확인할 수 있었다. 그래서 통상적으로는 점심, 저녁 식사 시간이나 퇴근 시간대 업로드를 하는 것이 좋을 것 같지만 의외로 그렇지 않다. 나의 계정을 팔로우하는 사람들에게는 식사 준비를 하거나 아이들을 재우는 가장 바쁜 시간대이기 때문이다. 해당 시간을 피해서 밤 11시 전후로 라이브 방송을 한다거나 판매 촉진을 위한 중요한 내용의 콘텐츠를 올리는 편이다.

물론 나의 타깃이 주로 활동하는 시간대에 게시물을 업로드한다고 무조건 좋은 반응을 기대할 수 있는 것은 아니다. 만약 내가 다른 이들에게 도움을 주는 양질의 콘텐츠를 업로드했다면 업로드 시간에 상관없이 더 많은 이들에게 반응을 받고 더 많은 이들에게 노출될 것이기 때문에, 시간을 계산하기 이전에 내가 만들 콘텐츠의 품질을 어떻게 더 향상시킬지를 먼저 고민해보기 바란다.

지금 당장 안 하면 바로 털리는 보안 설정

▶▶▶ 해킹 방지를 위한 보안인증

① 프로필 우측 상단 ≡아이콘을 누르고 '설정 및 개인정보'를 눌러 '계정 센터'로 이동한다.

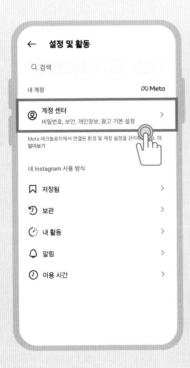

② **'비밀번호 및 보안'**을 누르고 **'2단계 인증'**을 누른다.

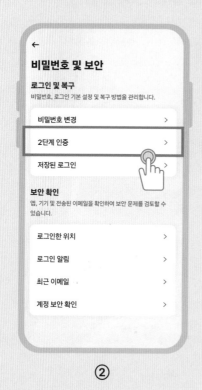

②

③

③ **'2단계 인증'**을 설정할 계정을 누르고 **보안 수단을** 선택한다.

인증 앱을 다운로드 받거나 문자메시지를 받아 코드를 입력해도 좋다.

2단계 인증 설정 이후 백업 코드는 스캔 후 앨범에 따로 저장하기 바란다.

"내일 해야지" 하고 미루다가 계정을 만든 당일에 해킹당한 적이 있다.

2단계 인증은 계정을 만든 직후 바로 설정하자.

03 | #알고리즘 내 편으로 만들기

혹시 아직도 해시태그를 복사 붙여넣기 하거나 #선팔, #맞팔, #좋반, #ootd 같은 의미 없는 해시태그를 사용하고 있는가? 혹은 게시물이 여러 사람들에게 노출되기 바라며 내 팔로워 수에 적합한 해시태그의 크기(개수)를 분석하고 대, 중, 소 3가지 규모로 나누어 사용하는 복잡하고 번거로운 일을 하고 있지는 않은가?

그런 상태라면 해시태그를 하나도 사용하지 않는 것만 못할 수 있다. 인스타그램은 추천 기반 플랫폼이다. 검색 유입이 있기는 하지만 추천 유입이 훨씬 크기 때문에, 해시태그에 많은 시간을 할애하여 도달률을 높이려는 것보다는 콘텐츠를 잘 발행한 사람들의 계정을 분석하고 그들의 사진이 어떠한 구도로 찍혔고 어떤 연출을 했는지 등을 분석하고 적용하는 것이 훨씬 더 계정의 성장에 도움이 된다.

앞서 말했듯이 이러한 이유 때문에 일부 사용자들 사이에서는 해시태그는 이제 사용하지 않아도 된다는 말이 있는 것도 사실이다. 그만큼 비중이 적어졌기는 하지만 만약 인스타그램 내에서 물건을 판매하거나 지역기반 사업체를 운영하는 경우라면 주요 해시태그는 꼭 사용해야만 한다. 취미 활동을 위해 인스타그램을 사용하는 경우가 많기는 하다.

하지만 직접 운영하고 있는 계정의 경우 제품을 구매한 고객의 절반 이상이 인스타그램을 단지 저렴하게 제품을 구매하는 플랫폼 정도로 활용했다. 각 계정 별로 주요 고객층이 다르고 소비패턴이 다르기 때문에 무조건이라고 말할 수는 없지만 우리 생각보다 인스타그램 속 비공개 계정, 비활동 계정을 보유한 사람들의 구매를 심심치 않게 볼 수 있다.

최신 로직을 반영한 해시태그 사용법

공동구매 셀러로서 간혹 '제품을 구매한 뒤 구매완료 댓글을 달면 추첨 이벤트를 진행한다'는 게시글을 올릴 때가 있다. 댓글을 달아주신 분들의 계정을 하나하나 들어가보면 프로필 사진조차 없는 기본 계정 상태인 경우도 심심치 않게 볼 수 있었다. 물론 부 계정으로 참여했을 수도 있지만, 제품을 구매한 분들을 대상으로 체험단 이벤트를 제공하고 이에 대한 후기를 받는 형식으로 참여를 유도할 때에도 마찬가지로 활발한 활동을 하는 계정보다 그렇지 않은 계정이 상당히 많았다. 그렇기 때문에 제품을 판매하기 위한 게시글을 올릴 경우, 특정 물건이 필요해서 구매를 원하는 사용자들을 놓치지 않기 위해서 최소한의 해시태그는 작성해주어야 한다.

나만의 해시태그를 1~2개 적기

여기서 말하는 나만의 해시태그는 소위 브랜드 해시태그, 즉 브랜드가 추구하는 지향점과 콘셉트와 같은 마케팅적인 것을 말하는 것이 아니다. 물론 나의 인스타그램이 마켓 컬리와 같은 규모의 브랜드 SNS라면 '#온더테이블'처럼 기업의 정체성을 나타내는 의미의 단어를 마케팅에 활용할 수 있겠지만 1인 기업으로 아직 알려지지 않은 개인의 경우 사용해야 하는 '나만의 해시태그'는 달라야 한다. 우리는 무엇보다 고객이 잘 기억할 수 있게, 쉽게 찾을 수 있게 포지셔닝하는 것이 우선이다.

특정 제품을 정기적으로 판매해야 한다면 발행하는 게시글에 검색용 해시태그 외에도 #육아맛집미미네, #00효소x미미네 등등 특정 제품을 필요로 하는 이가 구매해야 할 때 기억하고 검색해서 유입될 수 있도록 깔아두기 목적의 해시태그를 세팅해두는 것이 좋다.

해시태그의 적절한 개수

앞서 언급한 옛날 방식의 해시태그 사용법(계정 크기에 적합한 해시태그 찾기)을 고수하면서 복사, 붙여넣는 행동을 하고 있다면 당장 멈추어야 한다. 인스타그램은 이러한 행동을 스팸으로 간주할 수 있으며, 계정의 '섀도 밴'으로 이어질 수 있다. 인스타그램은 추천 기반 플랫폼이라는 사실을 명심하고 각 게시물에 맞는 해시태그를 5~6개 정도 세심하게 사용하기를 권장한다.

해시태그의 용도 올바르게 알고 사용하기

단순히 '많은 해시태그를 복사, 붙여넣기 하지만 않으면 되겠지!'라는 마음으로 '수많은 해시태그를 써서 나의 게시물이 어느 한 곳에라도 더 노출되도록 해야지!'라고 생각했다면 그것을 멈춰야 하는 또 다른 이유를 이야기하겠다.

당신이 강아지와 함께 산책을 나간 상황이라고 가정하자. 날씨도 좋고 경치가 좋은 공원이다. 마침 그날의 복장도 너무 마음에 들어서 인스타그램에 기록하지 않을 수 없었다. 강아지와 함께 따뜻한 햇살 아래 아름다운 경치를 배경으로 셀카를 찍은 뒤 게시물을 올리고 해시태그를 아래와 같이 달았다.

#브이로그 #셀카스타그램 #셀스타그램 #셀카놀이 #좋아요반사 #선팔맞팔 #성수동핫플레이스 #좋아요환영 #맞팔 #소통 #좋반 #좋아요반사 #데일리룩 #일상기록 #강아지산책 #오오티디 #패션 #ootd #산책코스추천 #강남산책코스 #강아지그램 #강아지일상 #멍스타그램 #댕댕이그램 #반려견모델 #산책스타그램 #주말일상

자 이제 인스타그램 알고리즘의 입장에서 당신의 게시물을 어느 카테고리의 유저에게 보여주면 좋을지 생각해보자. 과연 해당 계정의 정체는 무엇일까? 어떤 관심사를 가진 사람들에게 해당 게시물을 전달해야 좋은 반응을 얻을 수 있을까? 최근 인스타그램 릴스를 올릴 때 보면 주제 추가 부분이 생긴 것을 볼 수 있다.

인스타그램이 최근 더욱더 특정 분야나 관심사에 맞게 각각의 게시물이 타깃층에게 더 쉽게 발견될 수 있도록 운영하고 있음을 알 수 있다. 같은 관심사를 가진 사람들과 서로 더 쉽게 연결될 수 있도록 영향을 줄 수 있음을 시사한다.

우체국에 도착한 우편물에 주소지가 여러 개라면 우편물은 반송될 것이다. 우리가 발행하는 게시물의 카테고리, 즉 '도달지'는 어디인가? 반려견에 관심 있는 이들인가? 데일리룩? 팔로우 수 늘리기에 관심 있는 불특정 다수의 유저? 해시태그, 즉 '주소지'를 어떻게 적는지에 따라 우리의 게시물의 도달률은 큰 차이를 보일 것이며 계정의 성장에 분명 큰 영향이 있을 것이다.

그렇다면 5~6개의 적은 해시태그를 어떻게 선정해서 사용해야 할까? 답은 간단하다. 바로 지금 당신의 인스타그램의 검색 탭을 눌러 이전 기록을 살펴보도록! 내가 소비자라면 어떤 키워드를 검색해서 원하는 정보를 찾을지를 생각해보는 것이다.

금지된 해시태그를 주의하자

일부 해시태그는 인스타그램에서 금지되어 있는데, 그 수가 11만

4,000개가 넘는다는 사실을 알고 있는가? 다행히 한국어 해시태그는 거의 없지만 우리에게 친숙한 영어 단어가 금지 해시태그에 포함되어 있는 경우가 많기 때문에 주의해야 한다.

#beautyblogger, #eggplant, #asia, #desk, #elevator, #like, #lean 등 모두 우리가 흔히 쓰는 단어들이고 해시태그로 사용할 만한 단어들이지만 금지된 해시태그이다. 그렇다면 어떻게 금지된 태그인지 알 수 있을까?

검색(돋보기 아이콘)을 클릭해서 입력했는데, 검색 결과에 나타나지 않으면 금지된 해시태그이다. 단 해시태그가 검색되었다고 모두 사용 가능한 해시태그는 아니다. 검색 항목을 클릭했을 때 표시할 수 없는 페이지로 연결된다면 이 또한 금지 해시태그이니 주의하기 바란다.

영어 해시태그 중에는 금지된 것들이 많기 때문에 되도록 외국인을 대상으로 사업을 하거나 특정 목적이 있지 않다면 한글 해시태그만 사용하길 권장한다.

'위치 추가' 사용하고 '없어진 기능' 소환하기

인스타그램의 '최근 게시물' 서비스가 없어졌다. 대형 키워드의 해시태그를 써서 최근 게시물 탭에 상위 노출하는 것이 불가능하게 됐기 때문에 아쉬운 변화이다. 하지만 위치 추가의 경우 최근 게

위치 추가 기능 예시

시물 노출 서비스가 아직 제공되고 있다. 특정 장소를 다녀온 사진을 올릴 때 위치 추가를 해둔다면 누군가 최근 게시물에 노출된 나의 계정으로 유입될 확률이 높다.

실제로 봄꽃이 한창 필 시기에 아이들과 주말에 어느 장소에 가야 꽃이 만개해 있을지, 혹여 꽃이 다 지고 난 뒤 방문하여 허탕 치고 오지는 않을지 노파심에 실시간 현장 소식을 알아본 적이 있다. 인스타그램 장소 검색 결과, 15시간 전 최근 게시물을 통해 겹벚꽃과 철쭉이 만개한 영평사의 풍경을 확인하고 바로 다녀올 수 있었다.

내가 다녀온 위치를 추가한 게시물을 통해 다른 이들이 나의 계정으로 유입되도록 유도할 수 있고 지속적으로 보고 싶은 정보라고 판단한다면 팔로우하고 저장하는 등의 액션을 통해 내 계정에 긍정적인 영향을 줄 수 있다.

나에게 딱 맞는 벤치마킹 계정 찾는 방법

위에서 안내한 알고리즘 세팅을 마친 이후 본격적으로 벤치마킹할 계정을 찾아볼 수 있고 아래의 과정을 추가로 거쳐 계정 수집을 할 수도 있다.

평소 눈여겨본 계정을 바로 분석하면 좋지만 잘 모르겠다면 관심사와 관련된 대표적인 해시태그를 검색한 뒤 마음에 드는 게시물에 최소 5회 이상 '좋아요'를 눌러준다. 평소 활동한 이력이 있는 계정을 쓴다면, '좋아요'나 팔로잉 등 기존 계정의 행동에 기반한 인스타그램 알고리즘에 의해 자동으로 관심 분야의 계정이 많이 나타나게 된다. 이들 중 어떤 콘텐츠가 많이 올라오는지 확인하고 눈에 가장 잘 띄는 게시물을 클릭해서 프로필을 방문한다.

벤치마킹 계정 찾기 팁

프로필의 메시지 버튼 오른쪽 옆의 사람 모양 버튼을 누르면 해당 계정과 유사한 계정이 뜨는데, 이 계정들을 방문해보고 최종 3~5개 정도의 계정을 벤치마킹할 목표로 선정해보도록 하자. 팔로워와 '좋아요' 수는 구매했을 가능성도 있고 '좋아요' 숨김 기능을 많이 사용하고 있는 추세이므로 실제 팔로워들의 의미 있는 댓글이 많은 계정을 선정하는 것도 하나의 방법이다.

유니콘 콘텐츠 찾아서 분석하고 적용하기

'좋아요', 조회 수, 댓글 수가 기존 게시물에 비해 갑자기 증가한 사진과 영상을 저장해두자. 게시물 작성 시 참고할 만한 내용이 담겨있거나 핫한 장소 태그, 시선을 사로잡는 기획이 있는 게시물도 모두 저장해두는 것이 좋다.

누가 해당 게시물을 저장했는지는 계정 주인도 알 수 없기 때문에 부담 없이 참고할 만한 게시물들을 저장한 후 나만의 스타일로 활용하면 시간을 절약할 수 있다. 뿐만 아니라 요즘 유행하는 릴스 주제, 대중들이 원하는 내용이 무엇인지도 빠르게 파악할 수 있다. 알아보기 쉬운 컬렉션 이름을 설정한 뒤 폴더별로 저장할 수 있도록 설정해두면 더욱 좋다.

좋아요 보기

게시물 저장 팁

콘텐츠 반응도 테스트하기

우선 미리 참고용으로 저장해둔 게시물들을 참고하여 어떠한 형식으로 제작된 게시물이 내 계정에서 반응도가 어떻게 나올지 순차적으로 발행해서 실험해볼 수 있다. 예를 들면, A그룹은 카드뉴스 형식, B그룹은 짧은 릴스에 캡션 참조, C그룹은 스토리를 담은 영상과 자막, 음성을 녹음한 정보성 콘텐츠를 발행하고 반응도를 살펴보는 것이다.

혹은 아래의 두 가지 방법을 통해 나의 계정에서 반응이 좋은 게시물의 형태 혹은 주제 등이 무엇인지를 확인할 수 있다.

첫 번째, 손품 팔기

같은 관심사를 가진 계정을 하나씩 방문하여 '좋아요', 댓글을 달고 내 계정으로 유도하여 내가 방금 업로드한 게시물의 반응을 테스트해본다. 보통 게시물을 발행하고 난 직후 타 계정을 방문하며 발자취를 남기므로 그들이 내가 가장 최근에 발행한 게시물에 반응을 보이도록 하는 것이다. 만약 해당 게시물을 건너뛰고 그 이전 게시물에 댓글을 다는 등의 행동을 했다면 팔로워가 반응을 보인 게시물과 가장 최근 업로드한 게시물의 차이점이 무엇일지를 생각하고 기록해두는 것이 좋다.

이 대목에서 궁금한 점이 있을 수 있다. 처음 인스타그램을 만들었거나 계정을 키우기 위한 단계에서 팔로워를 인위적으로 늘리는

'품앗이'를 해야 할까? 많은 사람들이 품앗이를 통한 계정 키우기는 오히려 좋지 않으니 절대 하지 말라고 이야기한다. 구체적인 이유는? 원래부터 내 계정에 관심이 있어서 팔로우한 것이 아니라 상대방 역시 팔로워 수 늘리기만을 생각하고 이뤄진 거래의 개념이기 때문에 내가 어떠한 게시물을 올리든 반응하지 않을 확률이 높다는 것이다.

하지만 같은 관심사를 가진 계정끼리의 품앗이라면? 계정을 시작하는 초반에는 큰 도움이 되는 것이 사실이다. 물론 육아계정을 운영하면서 귀금속 사업을 하는 젊은 남성 혹은 수학문제를 업로드하는 학원 강사와 같이 연결되는 관심사가 전혀 없는 사람과 맞팔은 안 된다. 단순히 숫자 올리기만을 위해 맞팔하는 것은 절대 하지 말아야 하는 거래임이 분명하다.

인스타그램은 하루아침에 성장하지 않는다. 2023년부터 바뀐 알고리즘으로 인해 릴스 조회 수가 급상승하며 단기간에 엄청난 팔로워 수를 얻게 된 계정도 많지만, 그 계정의 쿨타임이 언제 끝날지는 아무도 모를 일이다. 무엇보다 꾸준함이 가장 필요한 시기에는 공통의 관심사와 목표를 가진 동지가 있다는 것만으로도 위안이 된다. 그리고 소위 말해 '떡상'한 계정의 경우 쉽게 팔로워가 증가한 만큼 정보가 기대에 못 미치면 쉽게 언팔로우로 이어질 확률 또한 높기 때문에 무조건 품앗이를 피할 필요는 없다.

초기 계정의 성장을 목표로 같은 주제의 계정을 운영하며 서로 댓글을 주고받고 진심으로 응원하다보면 서로의 고객이 되기도 한다. 또 공구 혹은 협찬 등 상업성 짙은 게시물에 일부러 긍정적이고 호의적인 댓글을 남기거나 고객 혹은 협찬사에서 궁금해 하거나 좋아할 만한 댓글을 먼저 달아주는 등 상호 조력자의 역할을 하는 사이가 되기도 한다.

다만 같은 카테고리의 계정이라 하더라도 목표 팔로워 수, 가령 1,000명을 모두 품앗이로 모은 뒤 판매를 시작해도 된다는 말은 아니다. 품앗이를 해서라도 빠르게 계정을 키우고자 하는 이들의 계정은 어디까지나 인스타그램 내에서 뚜렷하게 판매나 협찬 등 수익화하기 위한 목적을 갖고 활동하기 때문에 소비 행위에 적극적이지 않은 편이다.

하루에도 수십 건씩 협찬 요청을 보내오는 업체들로부터 물건을 받아 계정에 소개하기 바쁜 이들이 굳이 '내돈내산' 해가며 물건을 구매할까? 여러 도매사이트와 공구 플랫폼을 통해 인터넷 최저가보다 저렴한 샘플 가격에 제품을 구입할 수 있고 공구 진행을 명목으로 업체에서 지원해주는 다량의 샘플 제품들이 있는 판매자 역시 다른 이가 판매하고 있는 상품을 선뜻 구매하게 될까?

단순히 품앗이로 모은 이들은 고객이 아니라 함께 성장하는 동료로 생각하고 서로 응원하며 힘을 얻는 데에 목적을 두는 것이 좋다. 추후 자주 교류하지 않는 계정은 언제든 정리할 수 있으니 처음부터 양질의 콘텐츠만으로 모객하겠다는 부담을 내려놓고 일단 시작하자.

두 번째, 광고 집행하기

A, B, C, A1, B1, C1 이렇게 매일 릴스를 업로드하고 나의 타깃에 맞게 광고해봄으로써 게시물의 객관적인 반응도를 테스트해볼 수 있다. 많은 비용을 들이지 않고 하루에 단 5,000원 내외 정도, 약 1주일 정도만 테스트를 진행해보자. 반응이 상대적으로 좋았던 형태의 릴스를 반복적으로 업로드하며 지속적으로 적용해볼 수 있다. 구체적인 광고 설정 방법은 책 후반부에서 다시 설명하려고 한다.

다만 릴스는 팔로워가 아닌 계정에도 충분히 노출되는 성격이 있다. 양질의 정보와 함께, 시선을 사로잡는 섬네일과 문구가 갖춰져 있다면 광고를 하지 않아도 충분히 확인이 가능하므로 일단 첫 번째 방법을 먼저 적용해보기 바란다.

5분 만에 인플루언서 콘텐츠 해킹하는 노하우

유명한 인플루언서들과 대기업에서는 어떻게 섬네일을 만들고 카피를 작성해서 사람들의 관심을 끌 수 있는 걸까? 당장 카피라이팅이나 이미지 디자인 등을 전문가급으로 공부하지 않아도 단 5분 만에 후킹 문구부터 디자인까지 인사이트를 얻을 수 있는 방법이 있다.

유튜브 인기 급상승 쇼츠

요즘 대중들이 선호하는 영상의 주제와 크리에이터를 알 수 있고 후킹 문구 섬네일 제작 시에 참고하기 좋다. 인기 급상승 탭에 소개된 계정의 경우 대부분 조회 수가 높고 양질의 콘텐츠를 담고 있기 때문에 전체적으로 조회 수가 잘 나온 영상을 보고 나의 계정에 적용할 점이 있는지 찾아보는 편이다.

많은 이들이 벤치마킹을 단순한 복사로 오해하는 경우가 많다. 하지만 다시 강조하건대 베끼라는 말이 아니다. 요즘의 트렌드, 대중이 선호하는 것이 무엇인지에 대한 힌트를 얻는 목적으로만 적극 사용하길 바란다.

틱톡 인기 게시물

인스타그램과 틱톡의 알고리즘이 일치하지 않기 때문에 약간의 차이는 있을 수 있다. 그래도 릴스와 아주 유사한 영상 기반 SNS기 때문에 인기 있는 영상을 참고해보는 것도 좋다. 사람들이 좋아하는 것의 본질은 변하지 않기 때문이다.

페이스북 라이브러리

만약 내가 만든 콘텐츠의 효율을 극대화할 수 있는 가장 확실한 방법이 있다면 얼마나 좋을까? 비용을 들여 만든 결과물, 즉 고객들을 설득하기 위해서 수백, 수천만 원을 써가며 연구하는 사람들이 작성한 멘트와 이미지를 벤치마킹해보면 어떨까. 검색창에 '페

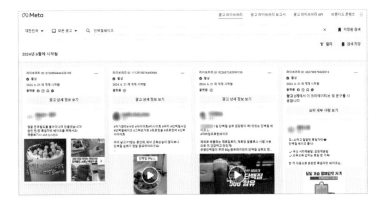

메타 광고 현황을 체크할 수 있는 '페이스북 라이브러리'

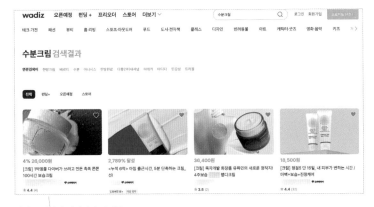

와디즈 펀딩의 이미지와 카피들

이스북 라이브러리'를 검색하고 내가 원하는 키워드나 벤치마킹하고 있는 업체의 브랜드명, 인스타 계정명을 검색해 제작된 콘텐츠를 참고해보자.

와디즈 펀딩

보통 와디즈 펀딩은 한 장의 사진과 한 줄 문구로 정해진 기간 내 펀딩을 성공시켜야 하기 때문에 진짜 엄청난 비용을 들이고 정성을 쏟아 만든 결과물이다. 참고로 약 3년 전에 셀프로 와디즈 펀딩을 진행했을 당시 24시간 상단 배너에 노출하는 광고비가 하루에 100만 원이 넘었다. 더 큰 비용을 지불 하고 있는 업체들이 다수이므로 펀딩 사이트를 참고하는 것을 매우 권장한다.

04 팔로워가 얼마나 모였을 때 마켓 판매를 시작하는 게 좋을까?

인스타그램을 시작할 당시인 2020년, 계정 키우기를 위해 무조건 해야 하는 루틴이 먼저 팔로우하는 '선팔'과 서로 팔로우하는 '맞팔'이었다. 관련 강의를 하는 플랫폼에서 역시 품앗이를 위한 단체 카톡방과 카페를 만들어 활동할 것을 권장할 만큼 당연시되는 행동이었다.

이때만 해도 인스타그램 알고리즘은 팔로워 수와 해시태그의 비중이 높았기 때문이다. 팔로워가 3,000명이 될 때까지 거의 품앗이로 계정을 키웠다고 봐도 무방하지만 대체로 그 대상이 나와 비슷한 또래의 주부이거나 여성자영업자, 여대생인 경우가 대부분이었다. 다이어트 콘텐츠를 업로드하고 있는 지금 계정의 주제와 크게 어긋나지 않았고 그 때문에 계속 그 계정을 운영할 수 있었다.

지금 계정 도달률이 좋지 않다면 새로 만들어야 할까?

가짜 계정을 구매한 경우라면 모두 삭제하거나 그게 힘들 경우 도달률(인게이지먼트)을 확인해보는 것이 좋다. 도달률은 네이버에 '인스타그램 인게이지먼트'를 입력해 검색 후, 'Phlanx.com'을 클릭해보면 알 수 있다. ID를 입력하고 돋보기를 클릭하면 도달률이 나온다.

장담하건데 지금 이 글을 읽고 있는 분들 중 나의 계정만큼 이나 도달률이 떨어지는 사람은 아마 없을 것이다. 평균적으로 5,000~2만 팔로워를 보유하고 있는 계정의 도달률은 4.8% 정도이다. 가짜 팔로워를 구매한 적도 없는데 이렇게 처참한 결과를 보게 된 이유는 무차별적인 선팔, 맞팔과 품앗이, 주요 타깃을 설정하지 않은 무작위식의 이벤트 등이 아닐까 생각한다. 더불어 최근은 새로운 사업 준비로 게시물을 올리기만 할 뿐 적극적인 소통활동을 하지 않았던 것도 한몫한 듯하다.

이렇게나 도달률이 낮은 계정의 멱살을 잡고 수익화하기 위해 얼마나 많은 방법을 공부하고 시도했을지 가늠할 수 있을 것이다. 그렇기 때문에 더욱 더 이 책을 통해 전하는 수익화 방법에 진정성이 느껴질 거라 믿는다.

필자와 같이 팔로워 수가 계정을 포기할 만큼 적지 않으면서 도달률은 평균 이하인, 즉 버리기는 아깝고 장기적으로 가져가기는 애매한 상태의 계정을 보유한 이들을 위해 며칠 전부터 실험을 진

108

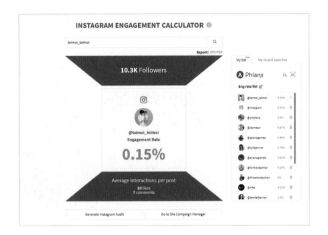

인스타그램 인게이지먼트 결과

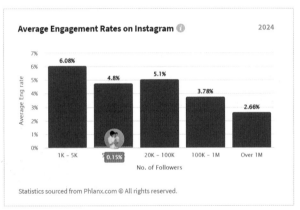

출처: https://phlanx.com/engagement-calculator

평균참여율

행하고 있다. 새로운 계정을 만들고 소통과 선팔 없이 비팔로워들에게 주로 노출되는 릴스 위주의 정보성 콘텐츠만 꾸준히 발행할 경우, 과연 수익화에 더 수월할 것인가에 대한 실험이다.

혹여 중복되는 콘텐츠 게시로 인한 불이익이 있지는 않을까 염

동일 콘텐츠로 각각 1,654회, 2,842회, 6,988회를 기록한 부 계정의 조회 수

동일 콘텐츠로 각각 2만 6,000회, 2만 3,000회, 2,263회를 기록한 본 계정의 조회 수

려되어 섬네일의 글과 오디오만 비슷한 조건으로 변경하여 업로드했고 부 계정에 먼저 공유했다. 그리고 몇 시간 뒤 본 계정에 공유하는 식으로 새로 만든 부 계정에 더 유리하도록 릴스를 업로드해 실험해보고 있다.

4만 뷰를 넘게 기록한 틱톡 게시물

　매일은 아니었지만 약 2달 가까이 동일 게시물을 업로드하고 있다. 아직까지는 1만 팔로워를 보유하고 있는 계정의 조회 수가 더 잘 나오고 있다. 하지만 주목할 만한 점은 선팔 맞팔 없이 팔로워 0으로 시작한 부 계정에 그냥 올려두기만 한 릴스도 6,000명이 넘는 조회 수를 기록했다는 점이다.

　팔로워의 수보다 콘텐츠가 얼마나 사람들의 관심을 끄는지가 더욱 중요해졌다는 사실을 눈으로 직접 확인했다. 이제 더욱 확신을 갖고 계정을 키워볼 생각이다. 아직 소위 말해 '떡상'이라고 할 만한 엄청난 조회 수를 달성하지는 못했지만 오히려 알고리즘이 망가지지 않은 부 계정의 도달률이 확실히 높다는 점을 알 수 있다. 하지만 본 계정을 당장 버리고 부 계정 위주로 키우기에는 조회 수가 15배 이상이나 차이가 난 게시물도 있기 때문에 당분간 실험을 계속하려고 한다.

그리고 또 한 가지 더! 글까지 완벽하게 똑같은 게시물을 틱톡에 게시하고 있는데 팔로잉 0으로 그 어떠한 활동도 없이(소위 말하는 '눈팅'조차 하지 않고) 4만 뷰 이상 나온 콘텐츠도 생겨났다.

2주 안에 팔로워 1,000명 만들기

만약 위에서 소개한 것과 같은 양질의 정보성 콘텐츠를 자주 발행할 수 있다면 선팔 작업을 많이 하지 않아도 된다. 하지만 아무리 좋은 콘텐츠를 발행하더라도 봐주는 사람이 있어야 알고리즘의 선택을 받고 많은 이들이게 전파될 수 있다. 인스타그램을 키우는 초반, 적어도 맞팔 수가 1,000명 정도가 될 때까지는 주요 타깃층을 찾아서 먼저 선팔하는 작업을 해주는 것이 훨씬 성장에 유리하다.

연예인이거나 엄청난 미모와 능력이 있는 분을 제외하고, 비교적 빠르게 성장한 계정들도 대부분 1,000~3,000팔로워 정도는 선팔과 맞팔 작업을 통해 자신을 알리는 시간을 가지고 있다. 그냥 앉아서 내 계정이 크는 방법은 없다.

보통 '#육아 소통', '#육아 소통 맞팔' 등을 검색해서 최근 게시물을 타고 들어가 선팔을 하거나 맘카페를 활용했는데, 이제 '최근 게시물' 탭이 없어졌다. 대신 관련 해시태그를 검색하되 상위 노출된 계정보다는 스크롤을 내려서 하위에 노출된 계정을 주요 타깃으로 잡고 선팔 작업을 진행하고 있다. 댓글보다는 DM으로 메시지를 전하자. 메시지의 내용은 단순히 "서로 맞팔해요~"라는 뉘앙스보다는 나는 누구이며 어떤 계기로 당신을 찾아오게 되었고, 앞으로도 어떠한 정보를 공유할 예정인지 알린 후 소통하고 지내자 제안하는 것이 좋다. 아래는 간단한 예시이다.

"안녕하세요! 저도 5세 아들을 키우고 있어요~ 인친(인스타그램 친구)님들 계정 구경하다가 육아 정보 주고받고 소통하고 지내면 좋을 것 같아서 선팔 드려요~ 우리 아가들에게 도움이 될 만한 정보들 자주 업로드하고 있는데 괜찮으시면 소통하고 지내요~"

그리고 팔로워가 많은 분들보다는 팔로워가 적어서 인스타를 키우고 싶을 것 같은 사람에게 선팔하는 것이 좋고 협찬 피드가 많은 계정이라면 더더욱 맞팔 확률이 높은 편이니 참고하도록 하자. 단, 같은 작업을 반복할 경우 인스타그램에서 스팸 계정으로 인식하여 차단될 수 있다. 계정에 방문하면 '좋아요'를 3~5개 정도 누르고 관련 댓글도 다는 시간을 가지는 것이 좋다.

하지만 만약 '나중에 다시 시도하세요'와 같은 문구가 뜬다면 조금 쉬어가야 한다. 차단된다면 초반에는 30분~1시간 정도 계정 차단 시간이 유지되며 지속적으로 계정 차단 행동을 하게 될 경우 1주에서 1달까지도 계정 활동을 하지 못할 수 있다. 언팔(언팔로우) 작업 역시 한꺼번에 많은 양을 반복적으로 할 경우 알고리즘이 스팸 계정으로 오인할 수 있다. 인스타그램 내에서 어떠한 행동이든 '단순

나중에 다시 시도하세요

Instagram은 커뮤니티를 보호하기
위해 좋아요 등 특정 활동의 허용되는
횟수를 제한합니다. 이 조치가 실수라고
생각하는 경우 저희에게 알려주세요.

의견을 알려주세요

확인

계정 차단 전 경고창

히 '좋아요'를 누르는 행동'일지라도 너무 과하지 않게 해야 한다.

계정의 주제와 같은 카페를 활용하기

육아맘이 잠재 고객이며 나의 콘텐츠를 소비할 대상이었기 때문에 맘카페 '맘스홀릭'을 적극적으로 활용했었다. 어떤 주제든 관련된 카페가 있고, 이 점을 활용해볼 수 있다.

선팔 혹은 맞팔이라고 검색해보면 기존에 활동하는 분들이 올린 게시물 볼 수 있다. 미즈넷, 맘이베베, 레몬테라스, 지역 맘카페 등 들어가보면 알 수 있듯 카페 '맘스홀릭'이 인스타그램 유저들의 이용량이 많다. '카페 보고 선팔왔습니다~ ○○ 주제로 자주 봬요!'와 같은 의미의 메시지와 함께 팔로우하면 된다.

그리고 더불어 게시글 작성을 통해 나의 계정 소개도 잊지 말자. 위 DM 보내는 방법 참고하여 게시물을 올린 뒤 맞팔하기 버튼만 눌러주면 더욱 빠르고 간편하게 같은 관심사의 이용자와 연결될 수 있다.

1만 팔로워 이상 인플루언서들은 어떻게 소통할까?

보통 댓글은 단답형으로 달거나 감사 인사, 이모티콘 등을 사용하는 경우가 많다. 물론 댓글을 달지 않는 것보다 훨씬 좋지만 질문을 달아준다면 재방문을 유도할 수 있다. 다른 사람들도 보는 댓글이기 때문에 질문을 받고 답변을 안 하는 경우가 많지는 않으니 말이다. 단, 너무 어렵거나 복잡하거나 디테일한 설명을 요하는 질문은 언팔을 유도할 수 있으니 유의하자.

ex) 날씨가 좋아서 놀이터에 자주 나간다는 내용과 놀이터 사진을 게시한 경우

→ **댓글:** 너무 좋은 시간 보내고 오셨네요~ 진짜 요즘 날씨 넘 좋은 거 같아요!

  → **댓댓글:** 그렇죠~ 맞아요!! 여기 벚꽃도 벌써 다 폈어요~ 거긴 어때요?

    → **댓댓댓글:** 어머! 벌써요? 여긴 아직요 ㅎㅎㅎ

시간을 단축시키려면 댓글 달기와 답방은 게시물 업로드 이후에 하자. 게시물에 달린 댓글을 보고 해당 계정에 나도 같이 방문해

서 댓글 다는 것을 답방 간다고 표현한다. 이제는 이 댓글을 다는 타이밍도 전략적으로 계산해야 한다.

만약 지금 올린 게시물이 빠르게 확산돼야 하는 게시글이라면? 홈 탭으로 이동해서 최근 활동한 적이 있는 나의 팔로워들의 계정을 방문하며 '좋아요', 댓글을 달아 나의 계정으로 방문하도록 유도 작업하는 것이 좋다. 그리고 의도한 대로 나의 게시물에 댓글이 달렸을 때 바로바로 답글을 달아서 알고리즘이 나의 게시물을 좋은 콘텐츠라고 인식하도록 유도하도록 하자.

만약 인스타그램에 많은 시간을 할애할 수 없이 바쁜 경우라면? 댓글에 답글을 달거나 팔로워들의 계정을 방문하는 행동은 내가 새로운 게시글을 올린 뒤에 해야 한다. 당연히 새로운 게시글로 유입시켜 반응률을 높이고, 상위 노출을 위한 알고리즘에 좋은 영향을 주기 위해서이다.

그리고 상대방의 입장에서 생각해봐도 새로운 게시글이 있는 것이 좋다. 실제로 나의 게시물에 댓글을 많이 다는 분이 계시는데, 해당 계정에 방문했을 때 예전에 내가 댓글을 남겨두었던 게시물이 최근 게시물이라 또다시 댓글을 달고 오기는 애매한 경우가 종종 있었다.

스토리가 업로드돼있다면 '좋아요' 정도만 누르고 돌아오게 된다. 나의 계정을 방문한 팔로워가 새로운 게시물에 댓글을 달 수 있도록(그들도 본인의 계정 방문을 유도하기 위한 액션인 경우가 많다) 피드 업로드 후 1시간, 적어도 10분간은 답방을 가거나 홈탭에 떠

있는 다른 계정을 방문하며 댓글과 '좋아요'를 눌러주는 것이 좋다.

또 답방은 인스타그램 내에서는 일종의 품앗이 개념이자 암묵적인 룰이라고 생각하시는 분들도 많다. 자주 댓글을 남겼는데 나의 계정에 답방(댓글 달기)을 오지 않으면 언팔하거나 DM으로 서운함을 표시하는 경우도 있다고 한다. 상업 계정이거나 완전 슈퍼스타 인플루언서 분들은 댓글로만 소통하시는 경우가 많지만 웬만하면 나를 팔로우해주시는 분들에게 관심을 갖고 댓글과 '좋아요'로 꾸준히 소통하면 좋다.

팔로워 사면 절대 안 되는 이유

인스타그램을 처음 시작하고 팔로워의 수가 좀처럼 늘지 않는 계정을 보고 있노라면 답답함과 조급함이 밀려올라올 수밖에 없다. 그래서 많은 유저들이 하는 실수가 바로 가짜 팔로워를 구매하는 것이다.

특히나 사업을 시작하는 카페 사장님, 식당 사장님 등은 팔로워 수가 적으면 혹시 나의 가게가 인기 없어 보이지 않을까 하는 우려 때문에 2,000~1만 팔로워까지 구매하는 경우가 많다. 구매를 통해 팔로워 수를 빠르게 늘리면 단시간 내 매력적인 계정으로 보일 수는 있다. 하지만 팔로워 수 대비 반응이 안 나오니 알고리즘이 불량 계정으로 분류하여 내 콘텐츠의 도달률이 떨어질 것이다. 다른 정상 계정 역시 장기적으로 볼 때 팔로워 수 대비 댓글과 소통이 현저히 적은 당신의 계정을 보고 진정성에 대한 의심을 할 것이다.

인스타그램은 알고리즘 기반 플랫폼이라는 점을 꼭 기억해야 한다. 구매한 팔로워는 주로 봇이나 비활성 계정이 대부분이다. 이러한 팔로워는 당신의 고객이 되거나, 제품이나 서비스를 추천하거나, 가치 있는 피드백을 제공할 수 없는 가짜 계정이다. 가짜 계정은 여러분의 콘텐츠에 참여하지 않기 때문에 인스타그램 알고리즘이 당신의 콘텐츠가 참여를 유도할 만큼 질 좋은 콘텐츠가 아니라고 판단하여 타 계정으로 보여주는 도달률을 떨어뜨릴 수 있다.

이로 인해 나의 게시물은 팔로워 수 대비 반응률이 낮게 나오는 저질 콘텐츠 발행 계정으로 분류되어 진성 팔로워를 늘리는 것이 점점 더 어려워지게 된다. 인스타그램은 플랫폼의 업데이트된 이용 약관을 통해 정품 계정을 식별하고 삭제할 수 있다. 팔로워를 구매하면 지침을 위반한 계정으로 분류되어 계정 이용이 중지, 삭제될 가능성도 있다.

계정 팔로워 수 대비 참여율('좋아요', 댓글)이 낮은 경우 일반 사용자 역시 해당 계정의 팔로워가 진짜가 아님을 알아차릴 수 있으므로 신뢰도 측면에서도 악영향이 있다. 이는 브랜딩에 치명적인 단점으로 작용할 것이며 어느 누구도 당신의 계정을 방문하지 않게 될 가능성이 높다.

FOLLOW ···

PART 3

저절로
주문이 들어오는
자판기 만들기

♡ ○ ◁ 🔖

#1분 소싱   #스마트스토어   #자동화 세팅

01 | 인스타그램 마켓에서는 어떤 제품을 어떻게 판매해야 할까?

처음에는 오롯이 육아용품 관련 제품을 판매하는 수익화를 목적으로 인스타그램 활동을 시작했기 때문에, 선팔과 맞팔을 통해 나의 타깃층인 육아맘을 2,000명 정도 빠르게 모았다. 처음에는 육아용품 관련 제품을 판매하고 싶었기 때문이다. 그 후에 킥보드 워머, 헤어핀 정리대, 도어스토퍼 쿠션, 기저귀 가방까지 점차 품목을 늘려갔다.

처음에는 헤어핀 정리대와 같은 중국 사이트를 통해 저렴하게 사입할 수 있는 제품을 20개, 30개씩 사입하여 주문이 들어오면 편의점 택배를 통해 직접 발송하는 방식으로 판매를 시작했다. 과연 돈이 벌렸을까? 지금 이 글을 읽고 있는 많은 초보 사업자분들이 나와 같은 생각으로 저가의 상품을 판매할 생각을 하고 있다면 뜯어말리고 싶다.

돈 그릇 키우기

나는 4,000~6,000원 내외의 상품을 스마트스토어로 연동시켜 인스타그램에 홍보 글을 올리며 8,000~9,000원에 판매했다. 그리고 배송은 편의점 택배를 이용했다(소량은 굳이 택배계약을 하지 않아도 편의점 택배로 충분히 판매 가능하다). 문제는 아이가 어린이집에 가지 않을 때 그날 판매한 수익의 절반 이상을 아이의 간식비로 사용하게 되었다는 점이다.

이 일을 한 달 이상 반복하며 일은 하는데 통장은 이른바 '텅장'이 되는 기이한(?) 현상을 발견하게 된다. 웃픈 현실이지 않은가? 하지만 이 과정을 통해 나는 돈의 그릇을 키우게 됐다고 생각한다. 썩어버리는 신선제품이 아닌 이상 어떻게든 판매를 하려고 작정하면 팔 수 있다는 자신감을 얻고 난 뒤로는 사입해오는 제품의 단가를 점점 높일 수 있었다.

하지만 처음부터 다양한 제품을 소싱해서 판매하기에는 자본금이 턱없이 부족했고 그렇게 많은 품목의 재고를 관리할 공간도 없었다. 그리고 사업을 시작하는 대부분의 초보 사장님들과 마찬가지로 '망해서 돈을 잃고 재고를 떠안으면 어쩌지' 하는 두려움이 있었다.

그렇게 자체 제작 상품을 늘리기에 한계를 느끼던 중 인스타그램 DM으로 공동구매 판매 제안을 받게 되었다. 내 자본금 없이 판매만 하면 포장, 배송, 제품에 대한 CS까지 모두 본사에서 처리하기 때문에 판매에만 집중하면 되는 무자본 창업에 가까운 일이었다.

보통 육아용품의 경우 공구 플랫폼을 기준으로 수수료가 최대 10%인 경우가 대부분이다. 열심히 사진 찍고 홍보글 올리고 신경 써서 2만 원짜리 제품 10개를 판매해도 판매 수수료는 2만 원 남짓…. 수수료가 낮은 플랫폼을 활용하지 않고 직접 클라우드 펀딩 사이트나 스마트스토어 3~4페이지에 위치한 품질 좋은 제품을 직접 소싱해도 얼마 지나지 않아 다른 셀러와 가격 경쟁을 해야 하는 상황이 오기도 한다.

판매를 하면 할수록 동일한 상품을 누군가와 경쟁하며 판매하고, 마진을 줄여가며 제품 납품업체만 브랜딩 시켜주는 남 좋은 일만 하는 것 같아서 100% 만족스럽지 않았다. 무엇보다 짧은 시간 대비 고수익을 얻어가기 위해서는 수익률을 내 스스로 책정할 수 있는 나만의 상품이 있어야 한다는 걸 느꼈다.

관련 직종에 근무한 적도, 배워본 적도 없었기에 많은 시행착오를 겪었다. 클라우드 펀딩을 통해 초기자본금을 확보하기 위해 고군분투하는 모습을 본 지인은 한심하다는 듯 이야기했다. "그거 하나 팔아서 얼마나 남아?" 실제로 헤어핀 정리대 같이 판매 가격이 낮은 제품은 개당 순수익이 3,000~4,000원도 되지 않았다. 하지만 처음 사업을 시작하면서부터 큰 금액을 투자해 마진율이 높은 제품을 취급하기가 과연 쉬울까?

난 이렇게 적은 금액의 제품부터 판매하며 어떻게 하면 사고 싶어 보이게 사진을 찍을 수 있을지, 어떠한 마케팅과 광고 활동을 하고 콘텐츠를 만들어야 하는지 등을 고민하는 시기를 거치며 돈 그 릇을 키웠다고 생각한다.

불과 2년 전만 하더라도 절대 빚을 져가며 장사하지는 않을 거 라는 신념을 갖고 있었다. 하지만 매일 한 개, 두 개, 다섯 개, 열두 개… 판매되는 제품의 개수가 많아지면서 이제는 조금 비싼 제품 도 대량생산해서 판매할 수 있을 것 같다는 자신감이 생겼다.

알아보지 않아 모르고 놓치는 소상공인을 위한 정책이 생각보다 많았다. 얼결에 신청한 대출이자 지원 사업을 통해 무려 5,000만 원 이라는 자금을 저금리로 대출받아 제품 공급량을 늘릴 수 있었다. 판매 가격 10만 원대의 기저귀 가방을 4~500개씩 공장에 발주 넣 는 것이 부담스럽지도, 걱정스럽지도 않은 단계가 하루아침에 되지 는 않았다. 지금도 물론 수십 억대의 매출을 올리고 있는 사업가들 에 비해 나의 돈 그릇은 한없이 작을 수 있다. 하지만 그들도 나와 같은 시절을 겪지 않았을까?

사업 초기 "그거 하나 팔아서 얼마나 남아?"라고 질문했던 지 인은 아직도 푼돈 말고 큰돈을 벌 수 있는 일을 해야 한다며 사업 아이템을 구상 중이라고 한다. 2년째 말이다. 물론 처음부터 큰돈 을 버는 사람도 있을 것이다. 하지만 투자랑은 전혀 관련이 없었던 직장인이거나 사회 초년생이라면? 비록 3,000원 남는 제품을 파는 시기를 겪더라도 돈 버는 방법에 대한 전반적인 배움의 단계를 익 힐 수 있는 실전 트레이닝의 기간을 거쳐야 더욱 안정적인 사업 확 장이 가능할 것이라 확신한다.

이 글을 읽고 있는 대부분의 독자 역시 바쁜 일상을 살아가는 사람들일 것이다. 매일 인스타그램으로 사진을 찍어서 올리고 판매를 독려하며 홍보하고, 팔로워들의 인스타그램을 방문하여 댓글을 남기려면 시간이 많이 걸린다. 이렇게 시간을 할애하지 않고 어떻게 자동으로 팔리는 시스템을 구축할 수 있을까?

배송대행지 필요 없는 중국 소량 사입으로 소싱하기

처음 인스타그램을 통한 수익화를 목표로 계정을 키우며 가장 크게 걱정한 부분이 바로 '평범한 나도 인스타그램 시장에서 살아남을 수 있는가?'이다. 무엇보다 팔로워 수도 많지 않은 나에게 공동구매 제안을 주는 곳은 없었다. 언제 받을지 모를 정체 모를 판매 상품을 손 놓고 기다리고만 있을 수 없었다.

물론 100~200개씩 대량으로 구매하는 것은 당연히 배송대행사를 이용해야 한다. 하지만 아직 많은 판매를 장담할 수 없는 상황이었다. 중국 사이트는 소량씩 구매할 수 있으면서 한국 도매 사이트보다 훨씬 저렴하고, 구매대행과 관련된 어떠한 제약 없이 한국 사이트로 쇼핑하듯 물건을 사입할 수 있어서 샘플 사입용으로 많이 활용했다. '알리 익스프레스Ali Express'는 특히나 내가 찾고자 하는 제품의 사진을 캡처한 뒤 유사한 제품 혹은 동일 제품을 찾아볼 수 있다는 것이 큰 장점 중 하나이다. 아쉽지만 '쉽겟SHIPGET'은 아직이 기능을 사용할 수 없다.

두 어플리케이션 모두 무료 배송과 쿠폰 이벤트를 수시로 열기 때문에 제품 대량수입 이전에 샘플을 구매하거나 소량씩 사입하기 부담 없다. 알리 역시 쉽겟처럼 국내 사이트를 이용하는 것과 동일하게 주문하는 간단한 시스템으로 접근성이 매우 좋다. 우선 지금 우리 집에 필요한 물품을 구매해보는 것을 추천한다. 참고로 국내 판매 시 꼭 인증을 받아야 하는 품목으로는 유아동, 전자기기, 식기류 등이 있다.

1분 만에 소싱하는 방법

사업을 시작하는 단계에서 가장 많이 하는 고민은 '과연 나는 무엇을 팔아야 하는가?'이다. 하지만 품질 좋은 다양한 제품들을 내가 찾아다니는 수고 없이 소싱할 수 있는 현존하는 가장 좋은 수단이 바로 인스타그램이다.

아래의 메시지는 제안받은 업체에서 직접 보내온 DM 내용이다. 이런 식으로 공구를 통해 브랜딩을 원하는 많은 업체에서 자신들의 제품과 잘 어울리는 셀러를 찾아 하루에도 수십, 수백 명에게 메시지를 보내고 있다. 우리는 그저 받은 메시지의 내용을 확인하고 나와 결이 맞고 평소 사용해보고 싶었던, 혹은 판매하고 싶은 제품을 선택하기만 하면 된다. 샘플 역시 무료로 제공하기 때문에 인스타그램 하나만 잘 키워도 품질 좋은 제품을 샘플 사입 없이 무료로 받아서 테스트하고 재고 부담 없이 사업을 할 수 있다.

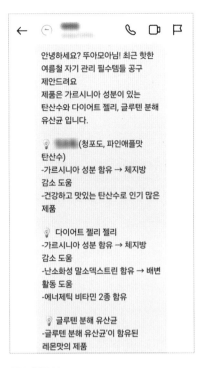

안녕하세요? 뚜아모아님! 최근 핫한
여름철 자기 관리 필수템들 공구
제안드려요
제품은 가르시니아 성분이 있는
탄산수와 다이어트 젤리, 글루텐 분해
유산균 입니다.

💡 ▒▒▒▒ (청포도, 파인애플맛
탄산수)
-가르시니아 성분 함유 → 체지방
감소 도움
-건강하고 맛있는 탄산수로 인기 많은
제품

💡 다이어트 젤리 젤리
-가르시니아 성분 함유 → 체지방
감소 도움
-난소화성 말소덱스트린 함유 → 배변
활동 도움
-에너제틱 비타민 2종 함유

💡 글루텐 분해 유산균
-글루텐 분해 유산균'이 함유된
레몬맛의 제품

공구 제안 DM

원하는 공구 제품 제안받는 꿀팁

공식 브랜드 계정이 있다면 팔로우한 뒤 자주 찾아가서 '좋아
요'나 댓글을 남기고 직접 사용하고 있는 모습을 게시하면서 해당
브랜드를 태그하는 방식으로 존재감을 드러낼 수 있다. 진행하고
싶은 공구 제품을 판매하고 있는 셀러의 게시글에 호의적인 댓글,
칭찬 댓글을 꾸준히 달아서 해당 브랜드에 대한 관심이 있다는 점

을 벤더사 혹은 사업주가 확인할 수 있도록 하는 편이다. 실제로 이러한 방법을 사용하고 원하는 제품을 협찬받기도 했고 다이어트 커피, 혈당 보조제 등을 공동구매 벤더사로부터 바로 제안을 받을 수 있었다.

만약 남들이 진행하지 않는 제품을 판매하고 싶다면 어떻게 해야 할까? 공동구매 벤더사에서 제품 소싱을 위해 자주 찾는 곳이기도 한데 바로 '와디즈'를 뒤져보는 것이다. 와디즈에 올라온 펀딩 중에 좋은 제품을 발견했다면, 인스타그램에서의 공동구매를 역으로 제안해볼 수 있다. 펀딩을 할 당시 이러한 제안을 받은 적이 있기 때문에 역으로 나도 타제품에 제안할 수 있겠다는 생각을 할 수 있었다.

보통 펀딩에 성공했다 하더라도 기대에 못 미치는 성과였을 경우 쉽게 판로를 찾지 못한 경우도 많다. 인스타그램 공동구매를 통해 브랜딩과 동시에 판매까지 할 수 있다는 점은 이들에게 매력적으로 느껴지기에 충분하다.

'프리오더' 메뉴에서 원하는 카테고리로 이동 후 종료된 펀딩 선택하면 많은 상품들을 볼 수 있다. 해당 상품들 중 원하는 상품을 클릭한다. 오른쪽 금액 하단에 '메이커에게 문의하기'를 활용하거나 혹은 메이커 정보에 기재된 홈페이지, 대표 전화번호 등을 활용하여 접촉할 수 있다. 우리는 특히 직접 판매가 가능한 활성화된 계정이 있기 때문에 메이커에게 연락을 취할 때 이 점을 강점으로 내세울 수 있다. 또 기존 팔로워들과 함께 협업하여 제품의 브랜딩에

5,676명이 팔로우 중

+ 팔로우

↗ 메이커지수 ⑦

평판   소통   인기

💬 문의하기

★ 만족도 4.0 (416개) ⑦

Ⓦ 누적 펀딩액 3억원+

👤 서포터 8,381명

홈페이지   https://smartstore.naver.com/▓▓▓▓▓▓▓

닫기 ∧

와디즈 메이커 정보 페이지

힘을 보탤 수도 있다는 점을 강조하면 좋다.

추천하는 공구 플랫폼과 위탁도매 사이트

태그바이, 스타일셀러, 포스팅메이커, 리얼프라이스, 핫트Hott, 스타일씨, 체크앤바이, 공팔리터, 윈드랩, 위드포밍, T쿨스, 스타공구 등 검색을 통해 찾을 수 있는 플랫폼도 있지만 카톡이나 DM으로만 플랫폼 링크를 보내주는 곳도 있다.

위와 같은 플랫폼에 셀러 등록 혹은 인플루언서 신청 과정을 거쳐 승인받으면 공구를 진행할 수 있다. 플랫폼을 이용할 경우 수익률은 적지만 다양한 제품에 대한 경험을 할 수 있고 실제 생활용품 또한 인터넷 최저가보다 저렴하게 구매할 수 있어서 진짜 필요한 제품을 구매하기 전 먼저 공구 플랫폼을 확인해보는 경우가 많다. 이렇게 판매도 하며 생활비도 아낄 수 있는 게 공동구매 셀러의 가장 큰 장점이다.

위탁도매는 도매매나 도매꾹 같은 종합 도매몰보다는 인테리어 소품만 혹은 침구류만, 건기식만 전문으로 운영하고 있는 도매몰을 이용하는 것이 좋다. 위탁판매 혹은 공동구매로 반응을 살핀 후 사입까지도 고려해볼 수 있다. 이후 쿠팡이나 스마트스토어 등에 업로드하여 위탁판매 → 사입판매 순으로 확장하는 것을 권장한다.

도매 사이트에 가입하려면 사업자등록증과 통신판매업 신고증이 꼭 필요하기 때문에 사전에 준비하는 것이 좋다. 건강기능식품이나 생활용품 등 도매 사이트는 정말 많지만 인터넷 최저가보다 비싼 경우가 많다. 업로드된 제품들 중에서도 가격적인 메리트가 있는 제품을 선별하는 데 시간이 많이 소요될 수 있다.

내가 직접 공동구매 제안하기

사실 초보 시절 무턱대고 자체 제작을 했는데, 다행히 인스타그램을 통해 반응을 얻어 네이버 쇼핑 주요 키워드 상위에 노출이 되었었다. 운이 좋았다. 그렇기 때문에 진짜 유통에 대해 처음 시작하는 단계에서는 자체 제작보다 위탁판매(아웃소싱)를 먼저 배워보는 것도 공부하기 좋은 방법이라고 생각한다.

인스타그램으로 공구 진행 후 마감 수량을 일괄 위탁업체에 전달하거나 도매 사이트에서 주문하는 방식으로 내가 소싱한 물건을 공동구매로 판매할 수 있다. 굳이 벤더사에서 제품을 제공받지 않아도 가능하다. 그렇게 공동구매나 위탁판매로 판매력을 늘린 뒤 어느 정도 고정 판매량이 확보되었을 때 대량구매(사입)나 자체 제작을 한다면 재고가 있어도 크게 부담스럽지 않을 것이다.

도매의 경우 단가를 더 낮추고자 한다면 판매처에 전화해서 최소 주문 수량이 몇 개인지, 도매가격이 얼마인지를 물어보면 된다. 이때 추후 OEM(기존 제품의 내 회사의 로고를 넣은 제품)도 염두에 두고 있으니 잘 판매되는 제품이 무엇인지, 위탁판매 먼저 시작이 가능할지 물어보고 우선 반응을 보는 것이 좋다.

도매와 OEM은 나중에 제품이 잘 판매가 되면 이렇게 대량으로 진행할 의사가 있다는 것을 보여주면서 신뢰도 쌓고 정보를 얻는 목적으로 간단히 물어보아야 한다. 처음부터 "위탁만 할 것이다!"라고 이야기하기보다는 앞으로 당신 회사의 제품을 대량으로 판매해 줄 가능성이 있는 사람이라는 점이 전달되도록 대화를 이끌면 긍정적인 결과를 얻을 수 있다.

어느 정도 판매에 자신이 있다면 와디즈나 텀블벅 등에 펀딩한 제품들을 소싱해올 수 있다. 이때 마진률 좋은 제품을 소싱하는 것에 성공하면 다른 셀러와의 협업을 통한 중개까지도 가능하다. 그렇게 공동구매 중개 사업을 자연스럽게 시작할 수 있고 아직 그 단계가 아니라 하더라도 향후 사업 확장에 큰 밑거름이 될 것이다. 위탁업체와 접촉할 때 아래 내용을 참고하길 권한다.

 위탁업체에 전화할 때

나 안녕하세요. ○○에서 판매하고 계시는 ○○ 제품 관심 있어서 연락드렸습니다. 혹시 도매 담당자님과 통화 가능할까요?

— **제조사** 네, 전데요 어떻게 전화 주셨죠?

나 네, ○○○ 대표 ○○입니다. 네이버에서 제품 보고 위탁판매나 사입 관련하여 가능하실지 문의 전화드렸습니다.

— **제조사** 어디서 판매하실 건데요?

나 일단 저를 포함한 다른 인플루언서 분들과 협업을 통해 인스타그램으로 공동구매 진행하며 ○○ 제품의 브랜딩에 먼저 집중하고자 합니다! 그렇게 스마트스토어로 판매처를 연계하여 긍정적인 후기를 쌓을 수 있고 많은 인플루언서들이 제공하는 사진도 마케팅용으로 사용이 가능하기 때문에 ○○ 회사에도 괜찮은 제안이라고 생각합니다. 현재 자사의 경우 인스타그램 공동구매를 통해 생활, 가전 분야에서 약 10개의 품목을 정기적으로 판매 진행하고 있고 인스타 라이브, 네이버 쇼핑 라이브 등을 통해 활발히 판매하고 있습니다. 거래를 해주신다면 온라인 최저가격이나 지켜야 할 사항 잘 지켜서 판매해보겠습니다.

— **제조사** 공동구매라면 위탁인가요?

나 네. 우선 위탁으로 주신다면 인스타그램 인기 게시물 등을 목표로 게시물을 수시로 업로드해서 약 1만 명가량의 자사 팔로워 분들에게 ○○ 제품의 장점을 어필할 생각입니다.

그리고 어느 정도 판매량이 나왔을 때 다시 사입 문의드리도록 하겠습니다. 괜찮으시다면 메일로 견적서와 그 밖의 준수 사항 보내주실 수 있으실까요? 메일 주소는 *****@naver.com입니다.

　— **제조사** 네. 확인 후 보내드리겠습니다.

나 네, 긍정적인 답변 감사합니다. 혹시 실례가 안 된다면 담당자님 성함이랑 직급을 여쭤봐도 될까요? 명함도 함께 이메일로 부탁드립니다.

TIP

- 가능성을 어필하기 위해 대화 중 '사입'을 언급하자.
- 우리의 연락을 잊거나 귀찮아서 일부러 안 할 수 있으므로 책임감이 생기도록 담당자의 성함과 직급을 확인하자.

위탁 업체에 이메일 보낼 때

안녕하세요. ○○○ 제품 위탁 관련 연락 드렸던 ○○의 ○○ 대표 입니다. 보내주신 견적서 잘 확인했습니다. 긍정적인 답변 감사합니다. 현재 자사는 스마트스토어 광고 담당자와 전담 포토샵 디자이너와 함께 사업을 운영하고 있기 때문에 ○○ 제품을 고객분들께 소개하는 데 있어 더욱 퀄리티 있는 홍보가 가능합니다.

우선 판매 방식을 먼저 설명 드리겠습니다.

1. 우선 인스타그램을 활용, 기존 자사의 1만 명의 팔로워 분들을 대상으로 가격을 오픈하지 않고 이벤트를 열 생각입니다. ○○ 제품을 한정 특가 방식으로 구매하도록 유도함으로써 리뷰를 빠르게 모을 수 있습니다. 이 과정에서 주요 키워드 상위 노출도 가능하기 때문에 ○○ 제품의 브랜딩에 아주 유리한 조건임을 말씀드립니다.

2. 네이버 신규 상품 등록 후 판매량이 급증하면 좋은 점수를 받을 수 있기 때문에, 상위 노출될 시점을 대비해 이 기간 동안 상품의 섬네일을 기존 위탁판매자들과 다르게 연출하여 차별화할 예정입니다.

3. 소비자 심리를 활용해 상세 페이지 상단에 구매를 촉진시킬 수 있는 한정수량 쿠폰 및 판매 후킹 요소(리뷰, 인증 사례 등)를 이용하여 구매 유도 계획입니다.

여기서 매출을 얼마큼 하겠다는 언급은 굳이 하지 않는 것이 좋다. 단 앞으로 어떻게 전략적으로 판매할 것인지 언급해서 믿고 제품을 내어줄 수 있도록 해야 한다. 현재는 네이버 연계 무료 광고 대행사 이용 중이지만 미리캔버스와 캔바라는 훌륭한 디자인 툴을 활용하면 간단한 광고 집행도 가능하다.

이렇게 메일을 보낸 뒤 답장이 오거나 전화가 오면 가격 협상을 해야 한다. 무조건 "깎아주세요" 보다는 일단 인스타그램 마케팅 전문가로 포지셔닝하는 것이 좋다. 하다못해 인플루언서들에게 협찬을 주더라도 요새는 업체를 이용하면 건당 2~3만 원의 수수료를 줘야 한다. 공동구매 유통만으로도 우리 회사는 브랜딩까지 전담해준다는 점을 어필해야 한다.

"일단 제품이 너무 욕심이 나다 보니 잘 판매해보고 싶습니다. 플랫폼 수수료와 광고비 등을 고려하여 ○○ 제품의 홍보에 조금 더 투자해보고 싶습니다. 하물며 인플루언서들에게 단순 협찬제공을 하실 때에도 마케팅 대행업체를 통해 최소한 2만 원 내외의 비용을 지불하셔야 하는데 저희가 그 부분까지 책임지고 브랜딩 해드리기 때문에 공급가 ○○% 정도 추가 인하가 가능할지 다시 한번 여쭙고 싶습니다! 거래 전부터 공급가 얘기 먼저 드려 죄송합니다만 그만큼 ○○ 제품에 애정을 갖고 브랜딩하고 싶은 욕심에 드리는 말씀이니 긍정적으로 생각해주시면 감사하겠습니다!"와 같은 어투로 이야기하는 것이 좋다.

만약 그래도 거절한다면 어떻게 해야 할까? "우선 판매부터 해

- 제조처의 통장 사본, 사업자등록증
- 견적서에 금액이 VAT 포함인지 아닌지, 과세 제품이거나 면세 제품인지 여부
- 택배사 및 배송비(제주도 및 도서산간 추가비)
- 당일 발송 가능한 마감 시간 및 발주서 전달 형태(카카오톡 혹은 이메일, 별도로 엑셀에 정리해서 명단을 넘겨야 하는지(폐쇄몰인지) 혹은 홈페이지 링크를 통해 고객이 주문하면 되는 시스템인지 여부, 발주서 양식 유무)
- 담당자 이름, 연락처, 이메일
- 결제 대금 입금 방식(당일 결제, 주 결제, 월 결제)
- 대표 이미지, 상세 페이지 이미지, 영상, GIF, 인증서 등 제품 관련 자료

보고 어느 정도 판매량 나오면 그때 다시 한번 말씀드려도 괜찮을까요?"하며 단가 조정에 대한 가능성을 열어두면 된다.

02 초보 셀러에게는 소싱보다 훨씬 수월한 '자체 제작'

 보통 공구를 통해 유통되는 상품들은 여러 셀러가 기간을 나누어 판매한다. 간혹 공구 기간이 중복된다면 경쟁 셀러가 신경이 쓰일 수밖에 없다. 특히 브랜딩이 되어있는 인기 있는 상품의 경우 셀러가 많다 보면 가격경쟁부터 콘텐츠 제작에 더욱 공을 들여야 하는 것이 사실이다.

 수수료 역시 본사나 생산업체를 통해 직접 협의를 하는 것이 아니라면 공구 제안을 해오는 벤더사와 수익을 분배하는 구조이기 때문에 업무량 대비 수익이 적을 수 있다. 그렇다보니 어디에서도 찾을 수 없는 실용적이며 합리적인 가격의 제품을 직접 제작하여 판매한다면 다른 셀러와의 경쟁 스트레스 없이 내가 주도권을 갖고 판매하며 마진율까지 높일 수 있을 것이라고 판단했다.

막막한 자체 제작 A to Z

자체 제작을 시도해볼 생각도 않는 분들이 많은 이유는 복잡하고 초기 투자비용이 많이 들어갈 것 같아서, 재고가 남을까 걱정이라서 등 위험부담이 크기 때문일 것이다. 시작하기도 전에 걱정해야 할 사항들이 너무나도 많다.

"지방 사는데 원단을 알아보려면 동대문까지 가야 하나?"

"샘플은 어떻게 제작해야 하고 대량 제작 공장은 어디서 찾는 거지?"

"가격 협상은 어떻게 해야 하고 초기 믿을 수 있는 공장인지 어떻게 알 수 있을까?"

"작업 지시서를 어떻게 작성해야 하는지도 모르는데 어디서 배워야 하는 거지?"

같은 이유로 초반에 시도하기가 망설여졌지만, 걱정만 하며 알아보지도 않고 포기하기에 우리는 너무나도 편리한 세상에 살고 있다. 관련 전공자도 아니고 패션에 관심이 없어서 용어도 잘 알아듣지 못했다. 하지만 지금도 자체 제작 제품을 판매하고 있다.

지방에 거주 중이기 때문에 동대문에 가기도 힘들고, 어린아이를 맡길 곳도 없다. 하지만 집에서 인터넷과 전화 몇 통만으로 업무를 수행해나가고 있으니 누구든 가능하다고 자신 있게 말할 수 있다. 이번에는 신제품 추가 제작을 위해 몇 가지 단계를 거쳐 제품 제작을 준비하고 있다.

디자인

내가 만들고 싶은 옷, 가방, 소품 등의 디자인 앞, 뒤, 옆, 위, 아랫부분을 연필과 색연필로 자세하게 그려보며 디자인을 완성한다. 물론 어도비 일러스트 파일을 다룰 줄 안다면 깔끔하게 디자인한 파일을 토대로 작업 지시서를 만들 수 있다. 하지만 주먹구구식으로 디자인 요청서를 만들어도 제작은 가능하다. 원하는 원단, 디자인, 시중에서 유통되고 있는 기존 제품 사진의 부분 부분을 캡처하여 잘라서 오려붙이고 파워포인트, 그림판으로 편집해도 제작에 전혀 문제가 없었다.

원하는 디자인 스케치에 더해 실제 참고할 만한 디자인이 적용된 의류나 제품 예시를 부분별 사진으로라도 준비해야 제3자인 샘플 제작자가 쉽게 샘플을 만들 수 있다. 가능하다면 내가 원하는 디자인으로 제작되어 있는 시중 제품을 직접 구매해서 샘플실에 제시하는 것이 샘플 비용을 최대한 아낄 수 있는 방법임을 기억해야 한다.

원단 및 부자재 찾기

원단은 대표적으로 동대문 종합시장과 신설동 원단시장에 있다. 보통 의류는 동대문, 가방과 가죽은 신설동이 특화되어 있으니 본인이 원하는 품목에 맞게 방문 또는 검색해 찾는 것을 추천한다.

몇 개의 단어 검색만 해봐도 이미 블로그 후기와 카페 추천 글을 많이 찾아볼 수 있다. 블로그에 원단시장 후기를 남긴 분들도 충분히 사전조사를 거쳐 다녀오신 분들이 대부분이고, 취급품 특성상 협찬이나 광고를 진행하는 경우가 거의 없기 때문에 추천 글들을 믿고 참고하기 좋다.

만약 직접 방문이 가능하다면 가보는 걸 강력 추천한다. 이때 좋은 점은 바로 사장님 소개가 가능하다는 점인데, 내가 방문한 그 원단 가게에서 원하는 제품을 취급하지 않는다면? 혹시 근처에 취급할 만한 업체를 소개받을 수 있는지 여쭤볼 수 있다.

두세 번 정도 신설동과 동대문시장을 다녀왔지만, 직접 시장에 방문한다고 사전 조사를 하지 않아도 되는 것은 아니었다. 막상 시장에 도착하면 어디로 갈지 어떤 상품을 찾아야 할지 당황하게 되므로 미리 블로그 검색을 통해 알아낸 몇 곳의 업체를 동선을 짜서 순차적으로 방문하는 것이 좋다.

원하는 원단을 찾았다면 무료로 스와치(원단 샘플)를 받아올 수 있다. 손바닥만 한 스와치 책자만으로 전체적인 이미지를 연상해 내기가 쉽지는 않다. 1차로 원단의 느낌을 파악한 뒤 원단 샘플을 1~2야드(마) 구매해 전체적인 이미지를 다시 체크해보는 것이 좋다. 수입 원단이 아니고서야 원단비는 대부분 1야드당 1만 원 내외이기 때문에 원단 선택 실수를 줄이려면 이 방법이 경험상 훨씬 합리적인 방법이다.

이렇게 물밑 작업을 거친 후 원하는 원단과 부자재를 취급하는 곳을 6~7곳 정도 선정한다. 상호 검색이나 블로그 정보만으로도 사장님의 전화번호를 찾을 수 있다. 직접 가지 못하는 경우 전화 통화 후 원하는 원단 혹은 부자재의 사진을 사장님께 문자로 전송하고 비슷한 제품을 사진 찍어 보내달라고 요청하면 된다. 가게 대표 번호로 전화를 거는 경우, 사진 전송을 위해 사장님 휴대전화 번호를 알려달라고 하면 보통 번호를 받을 수 있다. 그렇게 전송받은 사진들을 앨범에 업체별로 폴더 정리해둔다.

나중에 직접 확인할 원단과 부자재를 정리하여 전화로 스와치(원단 샘플)를 요청하면 착불 택배로 다음날 바로 받아볼 수 있다. 그리고 네이버 쇼핑을 통해 판매하고 있는 원단 중 마음에 드는 원단이 있지만 가격이 너무 비쌀 때에도 위와 같은 방법을 사용하여 조금 더 저렴하게 원단을 구할 수 있으니 참고하도록 하자.

혹시 원단에 대한 아무런 지식이 없다고 겁먹을 필요 전혀 없다. 원단 가게 사장님께 물어보면 다 알려주시기도 하고 샘플실이나 생산할 공장을 먼저 알아본 뒤 작업자에게 "A 같은 제품을 만드려는데 B원단으로 제작이 가능할까요? C원단이 더 적합할까요? 어떤 원단이 제품 완성도가 높을까요?" 등등 물어보면 전문가의 조언을 충분히 받을 수 있으니 절대 걱정할 필요가 없다.

업계에는 작은 공방과 같은 공장을 운영하는 분들도 많다. 한번 제품을 제작할 경우 최소 100개씩은 제작하는 경우가 대부분이다. 수주를 받기 위해 이분들도 많이 배려해주시는 경우가 많다. 그래서 단 1~2시간이면 동대문이나 신설동에 가지 않고도 메신저를 통해 집에서도 나만의 제품을 만들기가 충분히 가능하다.

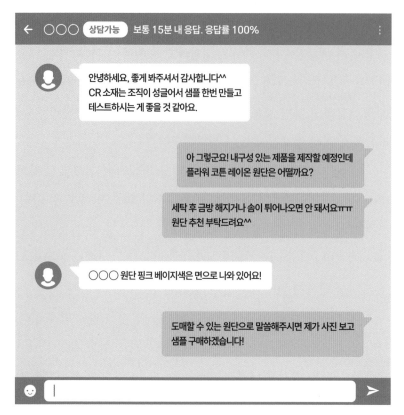

집에서 메신저로 원단 소싱하는 방법

샘플 작업 지시서 작성

디자이너라면 작업 지시서 만들기는 너무나 간단한 작업이겠지만 해당 업계에 대한 정보가 아무것도 없다면 걱정이 앞설 수밖에 없다. "어디에 물어봐야 하지? 관련 강의를 들어야 하나? 역시 전공자가 아니고서는 힘들구나"하고 포기할 뻔한 단계가 바로 여기이다.

샘플 작업 지시서					Yes Design(logo)
회사명		Brand	Style No.	Sample No.	Designer
의뢰일		생산처			
납기일		공임			
원단		부자재			
후가공					
사이즈	1st				
총장					
가슴					
어깨					
허리					
밑단					
소매길이					
A.H					
소매통					
소매입구					
밑단					
컬러	스와치		수량		
				작업시 유의사항	
	총 수량				

ⓒ예스폼

작업 지시서 양식 예시

하지만 작업 지시서는 말 그대로 작업을 지시하는 문서이기 때문에 작업자에게 내가 원하는 제품에 대한 충분한 설명을 담아서 전달하면 된다. 공장 담당자에게 작업지시서 양식이 있다면 보내달라고 요청했고, 만약 굳이 그 양식에 맞추지 않아도 된다면 알아서 준비해서 메일로 보내겠다고 협의한 뒤 업무를 진행했다. 공장 혹은 샘플실에 작업 지시서 작성법을 잘 모르겠다고 솔직히 이야기하면 대부분 도와주시기 때문에 이 부분은 미리 사서 걱정할 필요가 없다. 양식을 꼭 사용하지 않아도 충분히 제품을 제작할 수 있다.

샘플실과 공장 선정

보통은 인터넷 카페(네이버 카페 '봉제네', 'THE 봉제' 등)나 검색(원단 제작 사이트 '리얼패브릭' 등)을 통해 샘플실과 공장을 찾을 수 있다. 샘플실을 경유해서 공장에 별도로 의뢰하는 단계를 거치는 것은 업무량이 많아질 것이라 판단했다. 그래서 샘플링이 가능한 공장 위주로 알아본 뒤 비교해본 후 제작을 이어서 진행했다.

대부분 샘플링 후 제작을 진행하면 샘플은 무료이거나 50% 할인을 해주는 등의 혜택을 제공한다. 비용 절감 측면에도 더 도움이 된다. 가방이나 소품 등은 공장에서 바로 진행해도 크게 변수가 없지만 의류의 경우 샘플실에서 보다 정교하게 만들어야 대량생산 시 완성도 높은 제품 생산이 가능한 경우가 많다. 샘플링 담당자와 충분히 상담 후 결정하면 된다.

공장은 초반에 한번은 무조건 방문하여 제작하는 곳의 위생 상태나 규모 등을 미리 보고 오는 것을 추천한다. 상세 페이지에 공장의 생산 환경이 매우 쾌적하다는 점을 소구점으로 잡아서 설명했을 정도다. 만약 공장이 가까운 곳이라면 자주 방문하여 작업하고 있는 모습을 찍고 공장 전경을 사진에 담아 인스타그램에 공유해보자. 소비자에게 제품이 생산되는 과정을 공유하여 친숙함을 심어줌과 동시에 제품의 품질을 강조하면서, 신경 써서 만들었다는 점을 어필할 수 있다.

부동산 중개 말고 공동구매 중개 사업으로 확장하기

매일 아침 발주서 넣는 일 하나만으로도 자동 수입을 만들 수 있는 시스템을 구축하기에 있어 가장 유리한 조건은 바로 직접 운영하는 활성화된 인스타그램 계정을 갖고 있는 것이다. 내가 인플루언서라면 기존에 인스타그램을 통해 제안을 많이 받아본 경험을 토대로, 어떻게 제안을 했을 때 유리한지를 알 수 있기 때문이다. 또 인스타그램이라는 시장에서 잘 팔리는 품목에 대한 안목을 자연스럽게 갖추게 되므로 실패 확률이 확연히 적어진다. 우선 인스타그램을 운영하면서 계정 하나를 확보하자.

하지만 내 계정 하나만으로 공동구매를 진행할 경우 매출을 확장하는 데에 한계가 있다. 내 계정에 맞지 않는 아이템을 판매하고자 할 경우에도 제약이 있다. 다른 인플루언서와의 협업을 통해 매출을 일으키는 것이 수입을 극대화하는 하나의 방법이다.

지금 당장 계정을 키우는 것이 부담으로 느껴질 수 있지만 어느 정도 인스타그램 내에서 판매 경험을 쌓고 시작하는 것과 처음부터 공구 벤더사 창업부터 시작하는 것과는 진입 난이도부터 큰 차이가 있을 것이라는 점을 참고하기 바란다.

소싱한 제품을 판매해줄 셀러 찾는 법

그렇다면 내가 소싱한 제품을 잘 판매할 것 같은 셀러는 어떻게 찾아야 할까? 막연히 "해시태그를 활용해서 검색해보면 되겠지.

1. 자체 인스타 계정을 활용하는 경우
   - 마진률을 높이기 좋고 단가가 맞지 않는 경우가 줄어든다.
   - 내 계정을 팔로우하는 잠재 고객의 니즈를 잘 알 수 있다.
   - 다양한 카테고리의 제품 판매가 힘들다.
   - 혼자 판매하는 것이므로 매출이 비교적 적다.
2. 여러 인플루언서와 협업하는 경우
   - 셀러가 많기 때문에 판매량이 늘어나 매출이 높다.
   - 다양한 카테고리의 제품을 시도해볼 수 있다.
   - 내가 게시물을 올리지 않아도 초기 협업 세팅만 잘되면 업무 강도가 약하고 수익률이 높다.

육아맘들에게 제안하면 좋을 품목이니 #육아소통, #딸맘육아, #육아맘"… 이렇게 접근해서는 곤란하다. 게시물 4,400만 개가 넘게 등록된 #육아소통을 검색해보면 알 수 있다.

이 많은 게시물을 올린 사람들 가운데 판매하는 사람이 누구인지 프로필을 하나하나 눌러 확인해야 한다. 설령 기존 공구 셀러라 하더라도 제품을 잘 판매할 셀러일지 최소한의 확인 작업을 거쳐야 한다. 각 게시물마다 댓글이 얼마나 달렸는지 '좋아요' 수, 릴스 발행 빈도 수, 조회 수도 체크해야 한다. 이러한 방법은 허비하는 시간만 늘어날 뿐 제대로 된 협업 파트너를 찾기 상당히 힘들다.

하지만 육아맘들 사이에서 공구로 유명한 제품을 판매하는 셀러를 찾아서 그들에게 제안한다면 어떨까? '#육아소통', '#육아맘' 등의 막연한 검색어가 아닌 '#아기유산균공구', '#유모차공구', '#아기로션공구' 등을 검색해볼 수 있다. 더 세부적으로 셀러를 찾을 수 있는 꿀팁으로는 내가 제안하고자 하는 제품과 유사한 카테고리에 속하는 브랜드 제품을 판매하고 있는 셀러를 찾아보는 것이다.

예를 들어 효소를 소싱하는 경우에는 '#올라잇공구', '#가르시니아공구', '#클린24공구', '#하루비움공구' 등의 해시태그를 검색해보고 아기영양제를 소싱하는 경우에는 '#올키비타민공구', '#비오비타공구', '#아기물티슈공구', '#추피의생활동화공구', '#세이펜공구' 등을 검색해보자. 결이 비슷한 제품을 판매하고 있는 기존 셀러를 찾아서 제안할 수 있다(위 브랜드는 단순한 예시일 뿐 이해관계는 전혀 없다).

이 방법에 대한 검증을 위해 현재 공구시장에서 활발히 판매되고 있는 제품을 제안해준 업체 담당자에게 직접 어떻게 셀러를 찾는지에 대해 질문해봤다. 위 담당자 역시 마찬가지 방법으로 제품을 검색하거나 셀러들 가운데 목표 판매수량을 채울 수 있을 것 같은 계정에 먼저 제안한다는 답변이 돌아왔다.

그렇다면 판매수량이 잘 나올 것 같은 셀러는 어디에서 찾는다는 말인가? 인스타그램 프로필에 다중링크를 연결할 때 실제로 많이들 사용하는 플랫폼에서 관련 서비스를 제공하고 있다. 셀러들뿐만 아니라 제안하는 업체에서도 손쉽게 원하는 셀러에게 공동구매를 제안할 수 있는 서비스를 제공하고 있고, 실제로 많은 업체에서

인포크링크

활용하고 있다.

좋은 셀러를 찾았다면, '인포크링크' 혹은 인스타그램의 DM을 통해 메시지를 보낸 후 답장이 오는 셀러들에게 제품 제공이나 공구 안내 등 전반적인 절차에 대해 답변하면 된다. 빠른 이해를 위해 아래의 메시지의 내용을 참고하길 바란다.

위와 같이 여러 인플루언서에게 DM을 보내고 답변 오는 순서대로 셀러들간에 일정이 겹치지 않도록 공구를 잡는다. 왼쪽 내용과 오른쪽 내용의 다른 점은 바로 첫 문장이다. "안녕하세요"나

"공구 제안드립니다"와 같이 뻔한 문구가 아니라 왼쪽 메시지처럼 클릭을 부르는 매력적인 첫 문장을 쓴 다음 인사를 해도 늦지 않다. 오른쪽 메시지의 경우 호기심을 부르고 제품의 가치를 입증하는 제목으로 클릭을 유도하고 있다.

또한 브랜드사에서 직접 공구 제안을 했다거나, 국내 총판이라는 정보를 넣어 소개할 경우 유통단계가 줄어들어 그만큼의 마진이 더 높다는 인식이 있으므로 만약 해당된다면 꼭 관련 문구를 넣어 강조하는 것이 좋다.

제안 받은 DM 예시 1

콧대 높아서 평소에 제안 잘 안 하는데 꼭 함께하고 싶어서 메시지를 보내드려요!

명품 아기 화장품 #○○○ 공구하실래요?

요즘은 날씨가 쌀쌀해지면서 촉촉한 보습제를 찾는 육아맘들이 많아져서,

공구로 ○○○ 제품을 소개하면 인친님들의 반응이 정말 좋더라고요!

아기 화장품 공구에 익숙하지 않으셔도 걱정하지 마세요.

공구 꿀팁과 팔로워, 매출 늘리는 법 모두 알려드릴게요!

진심으로 도와드릴 준비가 되어있어요. 함께해요! ♡

제안 받은 DM 예시 2

미국 판매량 1위 ○○버터 '○○○' 공동구매 제안

안녕하세요.

공동구매 벤더사 ○○○입니다.

여름을 맞아 다이어트, 식단에 고민인 분들에게

'SugarFree'제품을 공동구매 제안드립니다.

셀링 포인트

✔ 2스푼에 계란 1개보다 많은 단백질

✓ 글루텐 프리

✓ 설탕 Zero

✓ 다양한 레시피 활용

✓ 국내 배송!

협업 진행시 베네핏

공구가 : 13,900 (최저가 23,500, 41% 할인)

수수료 : 17% (vat 포함)

김○○ | Manager

회사이름 | 공동구매 벤더사

한 가지 팁을 주자면, 여러 제안을 받는 인플루언서는 회사가 믿을 수 있는 곳인지 살핀다. DM을 보내는 계정이 외국 유령 계정이거나 회사 설명이 잘되어 있지 않을 경우 회신률이 떨어질 가능성이 높다. 되도록이면 취급하는 제품을 확인할 수 있는 자체 쇼핑몰을 함께 프로필에 등록해둬야 셀러 매칭 확률이 올라간다. 프로필 세팅 및 게시물을 적어도 6개 이상 등록해두도록 하자.

이 다음 단계로는 마케팅 활용 동의서를 받는 것이 좋은데, 구글폼에 한번 작성해두고 해당 링크만 매번 첨부하면 되니 크게 복잡하거나 어려울 것이 없다. 마케팅 활용 동의서를 굳이 받는 업체

벤더사 프로필 예시

가 사실 많지는 않다. 하지만 요즘은 공구 일정만 잡아두고 무상으로 샘플 지원만 받은 채 제품 판매 활동을 거의 하지 않는 일부 비양심적인 셀러들도 있다. 마케팅 활용 동의서를 받아두어야 사전에 불합리한 사고를 예방할 수 있다. 또한 셀러가 찍은 사진을 브랜드 계정에 리그램하거나 스토어 상세 페이지에 사용하기 위해 사전에 미리 동의를 받는 것을 적극 추천한다.

인스타그램 아이디:

샘플 받아보실 주소:

휴대전화 번호:

2차 라이선스 활용 동의:

○ 네   ○ 아니오

인스타 게시물에 대한 제품 내용은 마케팅활용을 위한 자사의 2차 가공 및 사용 등 마케팅에 활용될 수 있습니다.

○ 네   ○ 아니오

제안드린 가이드 내용 및 기한 내 제품에 대한 포스팅이 이행되지 않을 시 제공된 샘플비는 환급해야 합니다.

○ 네   ○ 아니오

이제 셀러별로 공구오픈 일정이 도래하기 전 구체적인 피드 내용에 대한 가이드를 제공하거나 벤치마킹할 수 있는 우수 셀러의 게시글을 소개하면서 참고하도록 요청할 수 있다. 이 경우 담당자가 게시글의 질에 신경 쓰며 셀러의 성장을 돕고자 노력한다는 이미지를 강하게 받기 때문에 더 열정적으로 판매에 임할 수 있고 2차, 3차 공구로 이어질 확률이 높다.

○○ 공구 담당자

대표님 안녕하세요! ○○○ 제품 셀링하실 때
한 번 참고해보시면 좋은 영상 링크 전달드립니다.
영상 중반부터 아르기닌에 관련된 내용이 나옵니다.
시간 되실 때 한 번 읽어보시면 아르기닌에 대해
좀 더 자세히 이해하기 쉬우실 것 같습니다!

산화질소가 매우 중요함.
산화질소는 몸 외부로부터 단순하게 섭취할 수 있는 것이 아님.
알약처럼 먹을 수도 없고 물에 탈 수도 없는 이유는 기체이기 때문.
매우 불안정한 상태의 기체라 몇 초 만에 사라짐.
산화질소를 그대로 섭취할 수 없지만 몇 가지 성분을 섭취함으로써
산화질소가 파괴되는 것을 예방하고 그 양을 유지할 수 있음.

+ ○○○ 제품의 효능
안전하게 믿고 섭취할 수 있는 국내산 아르기닌 3,000mg
아르기닌의 흡수율을 높여주는 최적의 배합(시트룰린, 오르티닌, 타우린)

○○ 공구 담당자

★ ○○○ 제품 셀링 컨텐츠 ★
(택1하여 피드 1개에 집중 셀링)

* 탄수화물을 컷팅해야 하는 이유
* 다이어트의 첫 시작은 탄수화물 컷팅
* 다이어트의 두 번째는 잘 배출하기(숙변 제거)
* 선순환이 중요한 이유
* ○○○ 제품 효과 잘 보는 방법(수분 섭취 강조)
* 대표님만의 생활 속 다이어트 꿀팁
* ○○○ 제품 배합 성분별 설명
* 혈당관리까지 한 번에 가능한 장점
* 혈당 다이어트란 무엇인가?(혈당이 중요한 이유)

○○○ 제품 셀링 소구점 정리해서 전달드립니다.
컨텐츠 만들면서 참고하시면 좋을 것 같습니다!

154

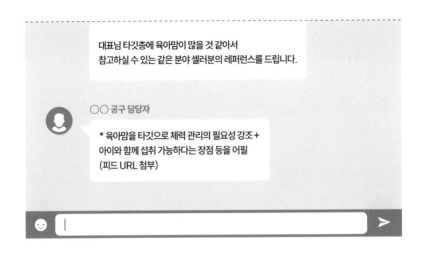

대표님 타깃층에 육아맘이 많을 것 같아서
참고하실 수 있는 같은 분야 셀러분의 레퍼런스를 드립니다.

○○ 공구 담당자

* 육아맘을 타깃으로 체력 관리의 필요성 강조 +
아이와 함께 섭취 가능하다는 장점 등을 어필
(피드 URL 첨부)

실제로 위와 같이 공구 피드 연출과 주제에 대해 함께 고민해주는 담당자와 일할 때 3차, 4차 이어서 공구를 진행할 수 있었다. 매출 역시 혼자 준비할 때보다 2배 가까이 상승했다. 관리의 힘을 다시 한번 느낀 계기가 되기도 했다.

마지막으로 한 가지 팁을 더하자면, 사전에 "공구로 진행되지 않을 시 협찬 피드를 1회 이상 작성해야 하며 필수 해시태그는 #○○입니다"라고 미리 언급하는 것이 좋다. 샘플용 제품을 제공받은 이후 공구를 취소하는 경우가 있기 때문이다. 단 마케팅 활용 동의서에는 이러한 내용을 굳이 넣지 않는 것이 좋은데, 공구를 쉽게 취소해도 괜찮다는 이미지를 남기는 꼴이기 때문이다.

매번 샘플용 제품을 제공하는 것이 부담이 될 수 있지만 만약 공구를 중개하는 업체가 나 하나뿐이거나 직접 자체 제작한 상품이라면 단순 협찬으로 끝난다 하더라도 마케팅하는 데 도움이 되기 때문에 그리 아까워하지 않아도 된다. 게다가 위탁업체에 전화할 때 책의 가이드를 참고하여 직접 소싱한다면, 나만의 브랜드를 직접 마케팅하는 것이므로 더더욱 손해본다고 생각해서는 안 된다.

마지막으로 결제창을 어떻게 안내할지에 대해서 제안하는 것을 잊지 말아야 한다. 사업자와 비사업자로 나누어 공구 수수료를 다르게 안내하는 업체가 많은데 그 이유는 결제창 플랫폼의 수수료와 세금문제가 생각보다 적지 않기 때문이다. 그래서 셀러의 스토어에 직접 제품등록을 하고 수수료와 세금 부분을 셀러가 부담할 경우 공구 수익은 보통 더 크게 책정된다.

스마트스토어

결제 수수료가 가장 낮기 때문에 스토어를 개설하고 네이버쇼핑 노출 설정을 해지한 후, 제품을 업로드한 링크를 셀러에게 제공하면 되는 간단한 방법이다.

공구가 끝나고 결제가 모두 마무리되는 약 2주 정도 후에 정산금을 셀러에게 보내주면 된다. 이때 3.3% 원천징수 후 정산금을 지급하고, 셀러가 사업자등록증을 갖고 있는 경우는 부가세를 포함하여 지급한다.

'블로그페이blogpay'와 '마이소호mysoho'

가입 후 심사를 거쳐 승인을 받을 수 있다. 이후 제품을 등록한다. 셀러가 공구를 진행할 기간을 설정하여 등록 후 링크를 공유하면 된다.

　셀러를 선정할 때 스마트스토어나 자사몰을 갖고 있는 사람만 선택하는 것도 업무량을 줄이며 매출을 높이는 하나의 방법이다. 상세 페이지만 전달한 뒤 제품 등록부터 판매, 후기 관리, 문의글 답변 등 전반적인 판매 업무를 위탁하는 것이 가장 편리하며, 이를 선호하는 셀러도 많은 편이다.

　이유는 직접 링크를 컨트롤하여 제품의 판매수량을 바로바로 파악하고 적절한 광고나 추가 게시글을 작성하거나, 이벤트를 여는 등 셀러의 판단 하에 홍보를 주체적으로 할 수 있기 때문이다. 만약 이와 같은 장점을 모르고 있는 셀러와 진행하게 된다면 되도록 그들의 자체 스토어를 이용하도록 장점을 잘 설명하여 나의 업무량을 줄이는 것이 좋다.

　벤더사 입장에서도 당일 출고 시간 내 셀러에게 구매자 명단만 받아서 물류업체로 파일을 전송하기만 하면 공구 기간 내 처리해야 할 추가적인 업무가 없어서 간편한 일처리가 가능하다. 구매자 명단은 이용하는 물류 업체의 엑셀 양식을 전달해서 받는 것이 편리하다.

처음 판매를 시작할 때 타 서비스의 결제창을 활용하고 싶다면
블로그페이, 스룩페이, 마이소호 등 이용할 수 있는 플랫폼은 많다.
하지만 강력 추천하는 것은 뭐니 뭐니 해도 스마트스토어를 활용
하는 것! 그렇다고 전업 스마트스토어 셀러처럼 키워드를 분석하
고 작년, 재작년 시기별 판매량을 예측하는 복잡하고 어려운 것들
을 배워야 한다는 말은 아니니 미리 걱정할 필요는 없다.

왜 스마트스토어를 사용해야 할까?

스마트스토어를 사용해야 하는 이유, 첫 번째. 수수료가 싸고 자
금 흐름이 빠르다. 자체적으로 빠른 결제 서비스를 제공하여 제품

기본 수수료

판매 매출과 연동되어 납부하는 수수료

주요 쇼핑몰별 기본 수수료

구분	수수료 명	수수료 부과기준	수수료율
스마트스토어	주문관리 수수료	최종 판매가 (할인 후)	1.98~3.63 %
쿠팡	카테고리별 판매 수수료		5~11%
ESM+ (지마켓, 옥션)	판매서비스 이용료	판매가 (할인 전)	3~13%
11번가	카테고리별 서비스이용료		7~13%
위메프	판매 수수료	배송완료가 (할인 전)	0~14.3%

ON CHANNEL

서버 수수료

월 매출액을 기준으로 납부하는 서버 이용료

주요 쇼핑몰별 서버 이용 수수료

구분	서버 이용료 (서비스 이용료)
스마트스토어	없음
쿠팡	월 매출 100만 원 이상인 경우 55,000원
ESM+ (지마켓, 옥션)	(지마켓) 판매대금 500만 원 이상인 경우 55,000원
11번가	월 매출 500만 원 이상인 경우 77,000원
위메프	월 매출 100만 원 이상인 경우 99,000원 (구간별 상이)

ON CHANNEL

온채널(ON CHANNEL)

오픈 마켓 수수료

송장 등록 이후 다음날 바로 결제 금액의 일부를 입금 받을 수 있기 때문에 소상공인 입장에서 무엇보다 중요한 기능이다.

둘째로 후기를 받기 편리하고 후기 포인트를 별도로 설정할 수 있다. 아마 제품을 구매해본 경험이 있다면 후기를 먼저 살펴봤을 것이다. 네이버의 경우 자체적으로 후기 포인트를 일부 지원하는 기본 포인트 제도가 있기 때문에 셀러 입장에서 돈도 받고 후기도 얻는 일석이조 효과를 기대할 수 있다.

이 점을 인스타그램 공구 홍보 시 활용하여 포인트 지급을 통한 추가 할인을 강조해보자. 자사몰을 이용하는 타 셀러와의 차별점을 어필할 수 있다. 다만 공구 제품의 경우 담당 공구 담당자와 함께 이벤트 내용 등은 사전에 협의해야 한다는 점을 잊지 말도록 하자.

네이버가 기본 지급하는 포인트 혜택으로는 크게 구매 적립 포

스마트스토어에 상품을 등록할 때 지급을 설정할 수 있는 리뷰 포인트

인트와 리뷰 작성 포인트가 있다. 고객이 상품 구매 후 구매 확정할 경우 결제 금액의 1%의 포인트를 지급하고 있다. 고객이 네이버플러스 멤버십에 가입한 경우 적립 혜택이 추가된다. 네이버 상품 리뷰는 텍스트 리뷰 작성 시 50원, 포토나 동영상 리뷰 작성 시 150원의 포인트를 지급하고 있다. 상품 리뷰, 한 달 리뷰 모두 동일한 보상이다.

자체적으로 무료 메시지를 전송할 수 있는 '마케팅 메시지' 서비스 역시 공구 오픈 소식을 알리며 재구매를 유도하기에 더할 나위 없이 좋은 수단이다.

만약 공동구매뿐만 아니라 자체적으로 제품을 제작하거나 도매 사이트 혹은 해외에서 직접 사입한 제품 판매까지 병행한다면? 인스타그램 내에 홍보해서 판매하는 상품이라 하더라도 결제 수단으로 스마트스토어를 무조건 이용하길 추천한다. 비싼 광고비를 쓰지

160

스마트스토어의 마케팅 메시지 서비스

않아도, 다소 귀찮은 인스타그램 홍보 피드를 매번 올리지 않아도 꾸준히 팔리는 자동판매 시스템을 만들어둘 수 있기 때문이다. 방법은 생각보다 간단하다.

처음 제품을 등록한 일주일에서 한 달 정도의 기간 동안 스마트스토어는 '최신성' 점수를 부여한다. 판매량으로만 상위 노출을 시키는 시스템일 경우 신상품은 상위 노출이 불가능하기 때문에 상위 노출에 유리한 추가 점수를 제공하는 혜택이다. '최신성'을 주는 기간과 가중치는 카테고리와 상품마다 다르며 네이버 내부 알고리즘이기 때문에 구체적으로 파악하기는 어렵다. 그렇기 때문에 대략적으로 최신성 점수를 받는 기간인 한 달 동안 해당 제품의 클릭과 판매량을 높일 수 있는 판매 전략을 짜두는 것이다.

자체 제작 상품을 판매할 때 인스타그램 체험단 이벤트를 진행하여 스마트스토어로 유입시켰고 페이백 형식으로 리뷰까지 등록

하도록 유도했다. 그렇게 유입부터 리뷰 수까지 제품 등록 초기 기간을 활용하여 빠르게 확보하면서 스토어를 세팅했다(제품 리뷰 하단에 협찬 표기 안내 필수).

이렇게 제품 등록 초반 유입량을 늘려 스토어 지수를 높였다. 킥보드 워머 키워드 1위, 기저귀 가방 키워드 2위, 국민 기저귀 가방 키워드 1위 등 자체 제품을 모두 자연스럽게 대형 키워드 1페이지 상위에 노출시킬 수 있었다. 비싼 네이버 쇼핑 광고를 굳이 이용하지 않고 제품의 주요 키워드 1페이지에 노출시킬 수 있는 가장 실속 있고 합리적인 방법이다.

엄청난 인플루언서가 아닌 평범한 사람이 판매하는 제품이다 보니 처음에는 인스타그램에 홍보 글을 올려도 열렬한 반응이 있기 만무했다. 하지만 제품의 강점을 기반으로 점점 유입량과 구매량이 쌓이고 긍정적인 후기들이 다시 구매를 발생시키며 자연스럽게 스마트스토어 쇼핑탭 1페이지 상단에 올라가게 되었다.

물론 로직이 바뀌면서, 불법 슬롯을 사용하는 비양심적인 업체들이 많다. 우리 회사의 디자인에서 유사하게 소재만 바꿔, 보다 저렴하게 출시한 제품들이 등장하면서 약 1년 이상 지켜온 순위가 계속 변동되고 있다. 그래도 약 1,000개 가까이 쌓여있는 후기를 조작하기에는 무리가 있을 터, 변별력 있는 소비자의 선택이 계속되고 있고 너무나 감사한 일이다.

위의 과정과 같은 노력을 들여 긍정적인 리뷰를 깔아둔다면 자연스럽게 실 구매로 이어지는 것은 시간문제이다. 이 과정을 거쳐

판다랭크

점차 네이버 쇼핑 주요 키워드 상단에 노출되게 되면 그다음부터 는 굳이 인스타그램을 통해 유입을 시키거나 비싼 광고비를 지출 하지 않아도 꾸준히 자연스러운 판매가 발생할 수밖에 없다.

단 각 카테고리별, 제품별 제품의 경쟁 강도가 다르기 때문에 내 가 판매할 제품을 검색한 뒤 상위 노출되어 있는 상품의 판매량을 파악하고 그에 맞게 체험단과 리뷰가 몇 개가 필요할지, 기간을 어 느 정도로 잡을지 등 대략적인 계획을 짤 수 있다. 판매량을 확인할 수 있는 '판다랭크'와 같은 사이트를 이용하거나 경쟁상품의 최근 리뷰 개수 등을 통해 판매량을 예측하고 그에 맞게 초기 유입량을 설정해볼 수 있을 것이다.

스마트스토어에 등록한 제품 노출의 최적화SEO 요소에는 고객 리뷰, 판매 실적, 클릭률, 상품의 이미지 및 설명 등이 상품 노출에 영향을 미치는 것으로 알려져 있다. 스마트스토어가 인스타그램과 같은 외부 플랫폼에서 유입되는 트래픽에 대해 특별한 점수를 부여하는지에 대한 정보는 명확히 제공되지 않지만, 외부 트래픽으로 인해 스마트스토어의 전반적인 방문자 수와 매출이 증가한다면 간접적으로 스토어의 성과를 개선하는 데 도움이 된다. 네이버 검색 알고리즘에 긍정적인 영향을 미칠 가능성이 충분히 있다.

물론 이러한 외부 유입이 실제로 상품의 노출 지수에 얼마만큼 영향을 주는지는 네이버의 내부 정책 및 알고리즘에 따라 다를 수 있고, 그 기준이 시간에 따라 변할 수도 있다. 하지만 복잡하고 어렵게 조사하고 분석하지 않더라도 상식적으로 생각해보면 결론은 간단하다.

경쟁 구도의 A가게와 B가게가 있다고 가정하자. A가게에서 물건을 고르던 고객이 어떠한 이유로 인해 B가게로 이동하여 그곳에서 물건을 구매한다면 B가게의 입장에서 더욱 기분 좋지 않을까? 인스타그램 혹은 유튜브나 틱톡, 당근마켓 등 타 플랫폼에서 스룩페이, 블로그페이 등의 결제 플랫폼이 아닌 네이버페이로 유입시켜 구매로 이어지도록 유도한다면 네이버의 이용 고객을 늘려준 셈이니 내 스토어에 조금은 긍정적인 영향을 기대해볼 수 있지 않을까? 설령 아니라 해도 페널티를 주지는 않으니 안심하고 시도해볼 방법임은 분명하다.

단 이 방법을 모든 품목에 다 적용해도 효과를 보장하지는 못한다. 무엇보다 기억해야 할 가장 중요한 요소는? 아무리 위와 같은 스토어 세팅 전략을 실행한다 하더라도 본질, 즉 '제품의 품질'이 실제로 좋지 않다면 판매가 지속되지 않는다는 점은 기본 중 기본이다. 너도나도 판매하고 있는 중국산 저품질의 제품로는 기대 이상의 결과를 얻을 수 없다. 마케팅에 신경 쓰기 이전에 본질에 집중하는 것이 가장 중요하다.

공구 전 꼭 대비해야 하는 필수 지식

판매하는 것에 신경을 너무 쓴 나머지 공구 진행 전 공부하며 당연히 준비해야 하는 부분을 간과하는 경우도 있다. 가령 "A화장품은 생후 몇 개월부터 사용 가능한가요?"와 같은 기본적인 질문부터 "효소가 첨가된 커피인데 뜨거운 물을 부어 마시면 효소가 제역할을 못하는 거 아닌가요?"처럼 성분에 대한 자세한 질문들까지 미리 예상해보고 답변을 찾아두어야 라방(라이브 방송)이나 댓글에 빠르게 대응할 수 있다.

우선 업체에서 기본적으로 제공하는 Q&A 자료는 꼭 숙지해야 한다. 만약 공구 담당자로부터 전달받지 못했다면 혹시 소비자가 자주 했던 질문을 정리해둔 자료가 있는지 요청해보자.

무엇보다 많은 셀러가 간과하고 있는 점이 있다. 업체에서 제공해준 정보에만 의존해서는 안 된다. 무슨 말이냐 하면, 나를 팔로우한 타깃이 관심 가질 주제를 집중적으로 조사하고 공부해서 해당 제품에 적용해야 한다는 것이다. 해당 제품의 특정 기능에 대한 논문이나 기사가 될 수도 있고 TV프로그램을 통해 방영된 유명인의 사례일 수도 있다. 관련된 모든 정보를 찾아 초등학생이 읽어도 쉽게 이해할 수 있게 풀어서 설명하는 훈련을 하는 것이 좋다.

만약 이것이 어렵다면 챗지피티chatGPT에게 "초등학교 3학년이 이해하기 쉽게 정리해줘!"라고 입력해 나온 값을 나만의 어투로 변경해서 활용하는 것도 시간을 절약하는 하나의 꿀팁이다. 요즘 챗지피티에게 국내 해외 가릴 것 없이 필요한 기사나 논문 등 모든 정보를 요청하여 이를 참고하고 있다. 한국어를 잘 이해하는 뤼튼wrtn도 많은 이들이 사용하는 도구이니 꼭 이용해보길 바란다.

간이사업자? 일반사업자?

처음 사업자 등록할 때 가장 먼저 검색해본 내용이 '간이과세자로 해야 하는지, 일반과세자로 해야 하는지'였다. 간이사업자는 연매출이 4,800만 원 미만일 경우 부가세가 면제이다. 부가세 10%만큼 마진을 더 가져간다고 계산할 수 있다. 연매출 4,800~8,000만 원인 간이사업자의 경우 일반과세자 1/10 수준의 부가세를 납부하므로 무조건 간이과세자로 시작하는 것을 추천한다.

또한 일반사업자는 1년에 2회 부가세 신고를 하지만 간이사업자의 경우 1년에 1번만 신고한다. 간이사업자는 신고 역시 편리하므로 복잡한 세금 고민을 덜할 수 있다는 장점도 있다.

연매출 8,000만 원(월 666만 원×12개월)이 넘게 되면 별도의 신청 없이 자동으로 일반사업자로 전환된다. 이때 연매출이 8,000만 원이 넘자마자 바로 일반사업자로 전환되는 게 아니라 다음 해 7월부터 일반사업자 세금으로 적용된다는 점만 참고사항으로 알아두면 좋다.

세금 신고와 관련하여 번거롭고 어렵게 느껴진다면 세무기장(사업자의 회계 기록과 세금 신고를 체계적으로 관리하는 작업)을 맡기는 것을 추천한다. 신고기한을 놓치거나 세금을 많이 내게 될 가능성이 있기 때문이다.

6~7만 원 정도면 신고 기간에 알아서 연락을 해주고 제출해야 할 서류가 무엇인지 다 알려주므로 복잡한 일에 신경 쓰지 않고 판매에만 집중할 수 있다. 특히 신경 써서 공부하지 않으면 알기 힘든 절세와 관련된 부분들까지 세세하게 챙겨주기 때문에 절세 혜택과 업무량 절감 효과를 동시에 얻을 수 있다.

구체적으로 한 해 동안 사업을 하면서 발생한 소득을 종합해 여기에 과세하는 세금을 종합소득세라고 한다. 세금을 떼고 월급을 받는 직장인과 달리 사업자들은 소득에 관한 세금을 다음 해 5월에 낸다. 사업 초 세무기장을 맡긴 덕분에 '청년창업 중소기업 세액감면' 혜택을 놓치지 않고 받을 수 있었다.

만 15~34세 이하는 '청년창업' 대상자로 5년간 50%, 100% 세액을 감면받을 수 있고 감면을 적용받은 연도부터 5년 동안 소득

세를 50~100%까지 감면받을 수 있다. 이 책을 보는 분들은 사업
자등록을 낸 그 시점부터 시간을 지체하지 말고 극적으로 매출을
만드는데 집중하는 것을 권장한다. 시간을 허비하는 만큼 세금 감
면 혜택 기간이 줄어들 테니 말이다.

플랫폼 수수료로부터 자유로워지는 방법

스마트스토어가 초보 셀러에게 좋은 이유는 다양한 혜택 때문
이다. '스타트 제로수수료'라는 프로그램이 그중 하나이다. 신청
가능 기준은 사업자 가입 승인일과 판매 등급, 크게 2가지다. 간이
과세자는 사업자 가입 승인일이 최근 20개월 미만인 경우, 일반과
세자는 사업자 가입 승인일이 최근 13개월 미만인 사업자여야 신
청이 가능하다. 또 판매 등급은 새싹, 씨앗인 경우 대상이 된다.

'스타트 제로수수료'의 혜택은 주문 관리 수수료와 매출 연동
수수료를 지원한다는 것이다. 매월 순 결제 금액 500만 원까지는
승인일 기준 익일부터 최대 12개월간 주문 관리 수수료가 0%다.
매출 연동 수수료는 승인일 기준 익일부터 한도 없이 최대 6개월간
지원 수수료 0%가 적용된다.

빠른 정산 시스템

적은 자본금으로 사입 공구하는 경우에는 무조건 스마트스토어

스타트 제로 수수료란?			
스마트스토어 사업초기 단계 판매자들의 사업에 도움이 되고자, 수수료를 지원해드리는 프로그램 입니다.			

신청 조건

신청 항목	구분	조건	현황
		신청/승인 조건	
공통	사업자 유형	국내 사업자	충족
	사업자 가입 승인일	간이 과세자 최근 20개월 미만 / 일반 과세자 최근 13개월 미만	충족충족 : 2020.09.05
	사업자 상태	정상	충족
	사업자 판매등급	새싹, 씨앗	불충족
	국세청 가맹점 등급	영세, 중소1 가맹점	불충족
	지원 이력	동일 사업자 하위 단계경에 스타트 제로수수료 지원이력 없음	충족
매출연동수수료	소상공인 판로지원 상태	매출연동수수료 미지원	충족

네이버 스마트스토어의 '스타트 제로수수료' 프로그램

를 연동해야 하는 이유가 또 하나 있다. 사업 자금 운영의 흐름이 원활하도록 자금 회전을 돕는 '빠른 정산 시스템'이 있기 때문이다.

빠른 정산 시스템은 택배사에서 택배를 집화처리 한 후 다음날 바로 정산액이 입금되는 서비스이다. 택배사에서 스캐너로 송장 바코드를 스캔하면 자동으로 처리되기 때문에 아주 간단하게 자금의 흐름을 만들어준다(방문 수령과 직접 전달 주문은 해당이 없다).

공구 마켓을 운영하면서 자사몰을 운영하는 분도 많지만 결제대행사를 사용하는 경우 보통 약 2주 정도 간격으로 정산이 된다. 제품을 제작하거나 사입해야 하는 사업주 입장에서 너무나도 중요하고 감사한 시스템이 아닐 수 없다. 자사몰도 네이버페이를 사용하면 이 기능을 쓸 수 있다. 단, 빠른 정산은 매달 심사와 승인을 받아야 한다. 월 거래건수가 3개월 연속 20건 이상이어야 하며, 반품

빠른 정산 시스템

률이 20% 미만이어야 한다. 또 해외 직구는 불가능하고, 국내 사업
자만 가능한 조건임을 유의하자.

FOLLOW •••

PART 4

마진율 올려서
알짜 수입 얻는
마케팅 전략

♡ ◯ ◁ 🔖

#키워드 광고   #인스타 스토리   #릴스

공구 제품의 경우 네이버 쇼핑 검색 탭에 노출되면 시장가격이 무너지기 때문에 대부분 노출 불가를 요구 조건으로 내걸고 있다. 하지만 네이버 쇼핑의 최대 강점인 광고를 자비로 집행한다는데 싫어할 대표님이 과연 얼마나 될까?

브랜드에서 운영하는 사이트의 제품 가격이 공구 가격보다 더 비쌌던 적이 있었다. 그래서 네이버 쇼핑탭과 파워링크 광고 전면에 가격을 노출할 수 없었다. 하지만 상세 페이지 내부에 위와 같이 '비밀 링크 클릭하기' 버튼을 만든 뒤 비공개로 만들어둔 공구 상세 페이지로 연결되도록 설정해놨고, 그 덕분에 기존에 자리 잡고 있던 대량 사입 셀러들 사이에서도 매출을 만들 수 있었다. 그러니 제품의 광고 가능 범위를 확인하고 일단 제안해보라.

만약 제품이 어느 정도 검색량이 뒷받침되는, 이름이 알려진 브

비밀 링크 삽입 예시

랜드라면 브랜드명 검색 시 파워링크가 바로 상단에 아래에 위치하게 된다. 같은 원리로 신생 브랜드의 경우 검색량이 적기 때문에 파워링크가 네이버 화면 하단에 노출된다. 이때 메인 키워드 최상위보다는 모바일 기준 위에서 4번째 정도 위치에 노출시킨다면 인스타그램 내에서 판매하는 것보다 좀 더 큰 시장에 내가 판매하는 제품을 알릴 수 있게 된다.

　군이 4번째 자리를 노리는 이유는 간단하다. 키워드에 따라서 1위와 4위 검색어 자리의 입찰가가 달라지고, 또 모바일에서 볼 때 파워링크 상위 4개 업체까지만 1페이지 화면에 노출되기 때문이다. 보통 스마트폰에서는 네이버에서 1~4위 정도의 상품이 상위에 보이게 된다. 많이 검색하는 키워드는 1위 자리일 경우에 클릭

키워드	제외 검색어	소재	확장 소재	+ 타겟팅 탭 추가

+ 새 키워드 ON OFF 삭제 입찰가 변경 ∨ 선택한 키워드 관리 ∨

보고서는 실시간이 아닙니다. 2024.10.21. 04:59 기준, 2024.10.21. 01:00 시간까지 업데이트된 지표입니다. ⑦

입찰가 변경 (9개 키워드 선택키워드: 꼬비도비 외 8개)

○ 선택한 키워드들의 입찰가를 [70] 원 으로 변경 ⑦
○ 선택한 키워드들의 입찰가를 각 그룹의 기본 입찰가로 변경 ⑦
○ 선택한 키워드들의 입찰가를 [10] % ∨ 증액 ⑦
○ 선택한 키워드들의 입찰가를 [10] % ∨ 감액 ⑦
○ 선택한 키워드들의 입찰가를 [PC 최소노출 입찰가 ∨] 로 변경 ⑦
◉ 선택한 키워드들의 입찰가를 [모바일 검색 1위 평균 입찰가 ∨] 로 변경 ⑦
　□ 옵션　최대 입찰가 [70] 원
　　　조회된 순위별 평균 입찰가가 최대 입찰가 이상일 경우 최대 입찰가로 입찰됩니다.

추가한 키워드별 클릭당 비용을 설정할 수 있는 파워링크 광고 설정 페이지

당 4,000원 이상이 과금되기도 한다. 광고비가 비싼 1위를 굳이 고수하기보다는, 4위 자리에 노출하면 클릭당 비용도 줄이면서 내 제품을 많은 고객에게 선보일 수 있다.

　네이버 검색광고 사이트에서 도구-키워드 도구 메뉴로 들어가면 내가 입력한 키워드와 관련 키워드의 검색량을 확인할 수 있다. 원하는 키워드를 선택 후 '바로 추가' 버튼을 클릭한 뒤 다시 파워링크 광고 설정 페이지로 돌아오면 방금 추가한 키워드별 클릭당 비용을 설정할 수 있다.

　전체 선택 후 '입찰가 일괄 변경'을 누른 뒤 '모바일 검색어 1위 평균입찰가'를 선택하고 변경사항 확인을 누르면 현재 파워링크

모바일 검색 1위 평균 입찰가 설정 시 금액

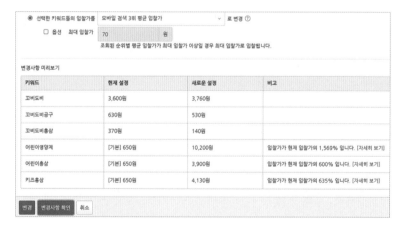

모바일 검색 3위 평균 입찰가 설정 시 금액

순위별 비용을 알 수 있다.

위의 이미지와 같이 많이 검색하는 키워드 '어린이영양제' 1위 자리일 경우에 클릭당 1만 2,380원, 3위는 1만 200원 이상이 과금

"어린이영양제" 키워드의 노출현황보기 ✕

PC통합검색	모바일

↻ 초기화

노출 지역 ⑦ 국내 · 상세 위치 확인불가 ∨ 검색

최근 검색   국내 · 상세 위치 확인불가   세종특별자치시 나성동   더보기 ▾

ⓘ 노출현황보기는 경쟁 상황의 변화와 일부 타겟팅의 설정, 조회의 시간 차이 등의 영향으로 실제 노출 현황, 제공되는 광고의 개수가 동일하지 않을 수 있습니다. (노출 현황보기는 실제 광고 개수와 관계없이 파워링크 PC-15개/모바일 4개, 파워컨텐츠 PC-3개/모바일 3개로 고정되어 제공됩니다)

brand.naver.com/ildong 광고

일동제약 비오비타 공식스토어

어린이 성장기에 맞춘 영양 성분까지 챙기는 유산균! 아연 DHA, 비타민D까지

www.iker-mall.com/ 광고

우리 아이 키성장 더더졌다면 ● 종근당건강 아이커 초코맛

누적 판매수량 100만개 돌파 (18~23년 누적판매액, 종근당건강) 키성장 기능성 인정 주원료로 키 UP. 비타민D+아연+칼슘으로 영양균형 UP

blog.naver.com/conreport2 광고

어린이비타민 소비자리포트

KBS소비자리포트.MBC불만제로 어린이 비타민제품 품질비교 및 분석

kidi.samik.co.kr 광고

허약체질개선제, 키디

건강체질이 이긴다! 동의보감 원방 그대로 제약회사가 만든 허약체질개선제 키디

각 키워드의 '노출현황보기' 기능

되기도 한다. 키워드의 '노출현황보기'를 클릭한 뒤 모바일 기준을 보면 쉽게 확인이 가능하다. 그리고 만약 각 키워드별 순위를 다르게 하고 싶을 경우 세부조정을 하고 싶은 키워드만 따로 클릭해서 '입찰가 개별변경'을 눌러 순위를 개별로 설정하면 광고비를 더욱 효율적으로 사용할 수 있다.

하지만 여기서 주의해야 할 점이 있다. 비싼 비용을 들여 1위에 노출시킨 세부 키워드 광고가 실효성이 없을 수 있다. 즉, 실제 구매 의사가 있어서 결제까지 이어질 고객이 검색하는 경우보다는, 막연히 영양제의 종류가 알고 싶어서 검색한 경우일 수 있다. 이런 키워드의 경우는 비싼 비용을 들여 상단에 나의 제품을 노출시킬 필요가 없다.

공구 제품은 인스타그램을 통해 이미 제품을 알고 있는 고객이 검색할 확률이 높다. 그런데 왜 인스타그램으로 구매하지 않고 네이버검색을 통해 구매하는 고객이 있는 것일까? 인스타그램 공구는 오픈 날짜가 정해져 있기 때문에 기본 3일 정도만 공구 가격에 구매할 수 있는 링크를 열었다 닫는 경우가 대부분이기 때문이다.

우리는 이 날짜를 놓친 고객이 타깃이다. 그렇기 때문에 '어린이 영양제'라는 키워드보다는 '꼬비도비' 혹은 '꼬비도비공구'와 같은 세부 키워드가 더 적합한 키워드라고 볼 수 있는 것이다. 그래서 공구 협의 중 검색 수가 많은 브랜드의 제품이라면 파워링크를 진행해도 될지 담당자와 협의해볼 수 있다.

이 방법을 통해 판매하는 다른 셀러들도 물론 일부 있기 마련이다. 이 경우 서로 세부 키워드의 1위 자리를 자키기 위해 클릭당 비용을 조금씩 올려가며 경쟁할 수도 있는데, 이런 경쟁은 무의미하다고 본다. 물론 첫 번째 위치에 있을 경우 고객의 선택을 받을 확률이 높기는 하지만 고가의 제품일수록 한 스토어만 보고 바로 구매하는 경우는 드물기 때문이다.

아마 '꼬비도비'라는 홍삼을 구매할 예정인 고객이라면 노출되어 있는 1~4위 스토어를 모두 방문한 뒤 리뷰 혜택이나 사은품 구성 등을 비교해보고 구매할 확률이 높다. 위와 같이 키워드 광고로 반응이 많이 나오는 제품들은 어느 정도 제품 소비층의 특성이 파악되면, 광고를 아낌 없이 태우면서 박리다매식 수익 구조를 만들수 있다.

개인적으로 진행했던 키워드 광고 중에서는 이런 사례도 있었다. 키워드 '남자스니커즈'는 클릭당 4,150원이 지출됐던 반면 '남성구두세일'과 같은 소형 키워드는 1,190원이 지출됐었다. 이 경우에 키워드 '남성구두세일'은 상위 1위 자리로 맞추고 '남자스니커즈' 키워드는 3~4위에 노출되게끔 개별로 설정해서 광고비를 아낄 수 있었다.

단, 키워드 광고는 경쟁입찰 방식으로 비용이 다소 비싼 편이니 순위를 잘 조정해야 한다. 광고비만큼 판매량이 나오지 않을 경우 역마진도 감안해야 한다. 어느 정도 검색량이 있는 브랜딩된 제품인지 검색해보고, 초반 광고 효율을 보며 투입 금액을 조절해서 매출을 올려야 한다. 이렇게 한 끗 차이로 매출을 올릴 수 있는 꿀팁들을 모아서 이번 장에 소개해볼까 한다.

한번 고객은 평생 고객, 재구매를 유도하는 방법

나의 콘텐츠가 엄청나게 유용하거나 연예인 혹은 인플루언서라 계속 나에게만 제품을 구매하고 싶은 사람들이 많다면 특별히 관리를 하지 않아도 상관없다. 하지만 보통의 셀러라면 매출 향상을 위해 재구매 고객 관리는 선택이 아닌 필수이다.

오픈 채팅방과 챌린지 운영

우선 오픈 채팅방 참여를 유도하는 것이 좋다. 일정 기간 동안 제품을 구매하신 분들께 공동구매 제품에 대한 소식과 체험단 혜택 등을 제공한다는 등의 명목하에 초대를 하는 것이다. DM 혹은 네이버 톡톡 등을 통해 이벤트 정보를 전하며 오픈 채팅방 링크를 보낼 수 있다. 혹은 인스타그램에 제품에 대한 홍보성 글을 올릴 때 동영상 마지막 부분과 캡션 말미에 "추가 혜택받는 방법 알고 싶으시면 DM 주세요"라는 문구를 삽입해보자. 연락 온 고객님들에게 오픈 채팅방 링크를 전달하는 것도 좋은 방법이다.

또 하나의 모객 방법은 챌린지 운영이다. 다이어트 챌린지를 오픈하며 미션을 모두 수행했을 때 사은품을 제공하는 것으로 모객했던 적이 있다. 채팅방에 모인 분들을 대상으로 공구 제품을 노출하고 후기를 띄우며 다이어트에 도움이 되는 제품들을 소개했고, 판매로 전환할 수 있었다. 어떤 계정을 운영하건 오픈 채팅방을 활용한 나만의 폐쇄몰 만들기는 누구나 할 수 있다.

만약 살림 계정이라면 '가계부 쓰기', '1주 5일 집밥 챌린지' 등을 할 수 있을 것이고, 책 육아 계정이라면 '아이와 동화책 읽기', '엄마표 영어 스터디' 등을 할 수도 있을 것이다. 전달사항과 혜택은 공지사항에 기재해두면 되기 때문에 한번 만들어두면 신경 쓸 일이 거의 없다. 인기 있는 공구 상품들은 셀러가 많다. 타 셀러에게

챌린지 운영 예시

나의 기존 고객을 뺏기지 않으려면 재구매 혜택은 꼭 챙겨주는 것이 좋다.

사람을 모으면 돈이 된다. 그리고 주최자 역시 성장할 수 있는 계기가 된다. 무엇보다 나에 대해 알릴 수 있고 시쳇말로 '찐 팬'이 생기는 소중한 기회를 가질 수 있다. 무조건 추진해보길 권장한다.

부 계정이 필요한 이유 및 활용법 안내

인스타그램 알고리즘은 일반적으로 사용자 참여를 중요한 요소로 간주한다. 높은 참여도는 콘텐츠가 더 많은 사람에게 보이는 데 도움이 된다. 즉, 나의 게시물이 양질의 콘텐츠임을 식별할 수 있는 가장 좋은 지표는 단시간 내에 얼마나 많은 사람들이 반응하는가이다.

저장, 전달, 공유, 댓글 등 즉각적인 상호작용은 게시물의 확장성이나 반응도에 도움이 된다. 평소 반응이 빠른 팔로워를 찾아가 먼저 댓글을 단다거나 DM으로 소통해서 이런 상호작용을 늘리는 것도 방법이다. 하지만 언제 누가 나의 계정을 찾아와 반응할지 모르기 때문에 게시물을 올린 직후 부 계정을 사용하여 콘텐츠 초기 참여도를 높이면 확산성에 일정 부분 도움이 된다.

인스타그램은 주 계정 외에도 부 계정을 4개 더 만들 수 있다. 로그인한 계정 아이디 옆 아래 방향으로 된 화살표를 누르고 하단에 위치한 계정 추가 버튼을 눌러 간편하게 만들 수 있다. 또한 본 계정에서 부 계정으로 로그인하기 위해 번거로운 로그아웃, 로그인 단계를 거칠 필요가 없다. 인스타그램은 아이디만 누르면 바로 계정 전환이 가능한 기능을 제공하기 때문에 번거로움 없이 부 계정을 자유롭게 사용하기 편리하다.

나의 부 계정으로 방금 주 계정에 올린 게시물을 저장하고 비행기 모양 아이콘을 눌러 전달해서 남편, 친구, 가족 등 지인에게 나의 게시물을 보내보도록 하자. 만약 브랜드가 잘 알려지지 않은 제품을 판매하는 게시글을 올렸을 경우 소비자의 외면을 받기 쉬운데, 이때 댓글을 통해 "어머! 이거 아는 언니가 쓰던데 어디에 좋아요?" 하고 댓글을 달아놓거나 "이거 사용 방법이 어떻게 돼요?" 같은 댓글을 남겨주고 나의 본 계정으로 질문에 답변을 한다면 "나만 모르는 건가?" 하고 없던 관심도 한 번 더 갖게 유도할 수 있고 자연스럽게 제품의 장점을 전달할 수도 있다.

ex)

→ **부 계정 댓글**: 홍삼은 생후 몇 개월부터 먹을 수 있는 거예요?

→ **본 계정 댓글**: 생후 24개월부터 섭취 가능하지만 평소 밥을 잘 먹고 소화에 문제가 없다면 엄마 재량껏 절반씩 먹여주셔도 괜찮습니다!

→ **본 계정 댓글**: "0969 구매완료"

물론 품앗이를 통해 다른 계정이 내 글에 댓글을 달아준다면 더더욱 좋겠지만 내 마음같이 움직여주지 않을 수 있다. 식당도 줄 서 있는 곳이 궁금한 것처럼 인터넷상에서도 리뷰가 많고 질문이 많은 제품에 더 관심이 가는 것이 사실이라는 점을 기억하자.

이런 방법을 사용하는 것이 소비자를 속이는 것이라고 생각하는가? 물론 과대 과장광고 혹은 사실과 다른 이야기를 써서 소비자의 속이는 행위는 당연히 해서는 안 될뿐더러 하더라도 금방 수면 위로 드러난다. 계정 주가 곧 브랜드 자체가 되어 장기적으로 진행되는 공구 마켓에서는 전혀 도움이 되지 않는다.

다만 제품 홍보 게시글의 경우 내가 어필하고 싶은 제품의 강점을 인스타 피드 내용에 적을 경우 잘 읽지 않는 경우가 대부분이다. 댓글에 고객에게 전달하고자 하는 상품의 기능 혹은 많은 이들이

궁금해하는 질문과 답변 등을 적어두면 자연스럽게 제품을 홍보할
수 있다.

스토리 적극 활용하기

공구 제품을 구매하는 고객은 상세 페이지를 꼼꼼하게 읽지 않
는 경우가 많다. 중요한 기능 설명이나 기억해야 하는 섭취 방법, 이
용 방법이 있다면 상세 페이지를 캡처한 뒤 본인의 의견을 추가하
여 스토리에 공유해보자. 더욱 편하게 제품 구매를 유도할 수 있다.

제품의 상세 페이지에 강조할 부분 언급하기!
공부 중, 테스트 중인 실시간 상황을 스토리나 게시물에 올려서
열심히 노력하는 모습을 어필하면 더욱 믿음을 줄 수 있다. 단, 정말
알찬 정보를 제공하는 경우가 아니라면 추천하지 않는다. 진짜가
아닌 연출 사진을 올렸을 때 그 사실을 모르는 소비자는 없다.

일상생활에서 사용하는 모습 보여주기
인스타 마켓을 이용해봤다면 하루의 루틴을 올리며 판매하고
있는 효소를 살짝 보여준다거나 운동하기 전 아르기닌을 마시는
영상을 올리는 등 평소 제품을 사용하고 있는 모습을 많이 보았을
것이다.

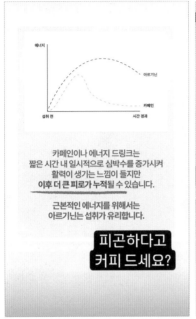

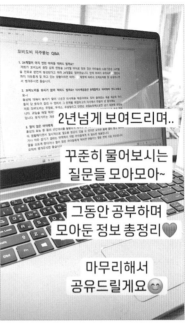

스토리에 제품의 특징을 강조한 사례   스토리에 제품 공부하는 모습을 보여준 사례

일상을 공유하며 자연스럽게 진짜 쓰고 있는 제품이구나 생각하도록 공구 기간이 아니더라도 수시로 스토리를 통해 노출하는 것이 좋다. 아무리 공구 오픈 이후 "제가 매일 갖고 다녀요~"라고 말한들 팔로워들은 진실을 이미 다 알고 있다.

사용 전과 후 사진 보여주기

'비포, 애프터' 하면 단연 다이어트가 먼저 떠오를 것이다. 다이어트 보조제를 공구하는 많은 분들이 직접 섭취 후 감량을 통해 무

5월부터 10월까지 꾸준히 제품 이용 후기를 노출한 스토리

료상담, 다이어트 단톡방 운영 등을 하고 있다. 마찬가지로 이 방법을 통해 매출 향상에 큰 도움을 받은 적이 있다.

하지만 진짜 공구로 제품을 잘 판매하려면 이 점을 꼭 기억해야 한다. 요즘 소비자들은 너무나도 똑똑하며 눈치가 빠르다. 나조차도 '내돈내산(내 돈 주고 내가 사서 사용하기)' 하기 아까워서 샘플 받고 공구 오픈할 생각이 드는 제품으로는 매출이 잘 나오려야 잘 나올 수 없다. 무엇보다 좋지 않은데 좋은 척, 효과 없는데 효과 있는 척, 지속적으로 구매하지 않고 섭취하고 사용하지 않으면서 코

사용 전과 후 사진 예시

앞의 매출에 눈이 멀어 거짓 판매를 이어간다면 결국 신임을 잃게 되는 것은 순식간이다.

공동구매의 본질은 말 그대로 '공동으로 구매하니 저렴하게 판매해달라' 요청하는 것, 즉 나를 포함한 다른 이들과 함께 제품을 저렴하게 '득템(아이템을 얻는 것)'하고자 시작된 문화임을 절대 잊어서는 안 된다.

실제 사용자 또는 체험단 후기를 공유하면 더욱 효과적이다. 다이어트뿐만 아니라 화장품은 피부 상태가 개선된 모습을 보여줄 수 있다. 의료 분야의 제품 역시 사용 전 후 개선된 모습을 보여주는 것이 제품의 강점을 간접적이면서도 확실하게 어필하기 좋은 방법이다.

스토리 하이라이트 깔끔하게 깔아두기

사이트 '캔바Canva'에서 '하이라이트커버 템플릿'을 검색하고
원하는 디자인해서 적용해보자.

캔바

① 하이라이트에 게시물 업로드 마지막 단계에서 '하이라이트에 추가' 버튼을
누르고 곧이어 '신규' 버튼을 누른다. 하이라이트의 제목을 입력하고 '추가' 버
튼을 눌러 새로운 하이라이트를 생성한다.

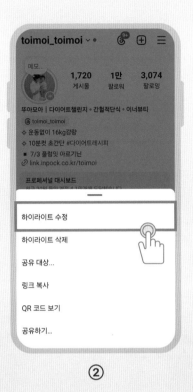

①   ②

② 방금 만든 하이라이트를 꾸욱 누르면 나타나는 메뉴에서 첫 번째 '하이라이트 수정' 버튼을 누른다.

③ 상단 가운데 '커버 수정' 버튼을 눌러 방금 캔바에서 다운받은 이미지를 선택한 뒤 '완료' 버튼을 누르면 하이라이트가 업데이트된다.

제품을 구입할 때를 생각해보면 군중심리는 알면서도 당하는 신기한 힘을 갖고 있다고 느끼게 된다. 판매자가 이제 제품이 얼마 남지 않았고 앞으로 이 가격으로 절대 구입할 수 없으니 서둘러야 한다고 독촉할 때에는 선뜻 구매하기 망설여지고 진짜 이 제품이 인기 있는 제품인지, 효과가 있을지, 가격이 합리적인지에 대한 의구심을 거두기 힘들다. 그렇게 사람들이 주위로 몰려들어 고민만 하는 사이에 한두 명이 제품을 구입하기 시작하면 그때부터 다른 사람들도 서둘러 제품을 구입하려고 든다.

다른 사람이 샀으니까 나도 사야겠다는 충동구매 욕구가 생기는 것이다. 이렇게 유행에 따라 상품을 구입하는 소비현상을 적극적으로 이용해야 한다. 콘텐츠의 댓글에 구매완료 혹은 구매인증 관련 댓글을 달도록 유도해보자. 인기 있는 제품이라는 점을 강조

할 수 있다. 이 군중심리를 바탕에 깔고, 지금부터 소개하는 효과적으로 마케팅할 수 있는 방법을 가미하면 더 좋은 판매 효과를 낼 수 있다.

5만 원 투자해서 200만 원 버는 방법

없던 구매 욕구도 만들어 내는 가장 최고의 마케팅 방법을 손꼽으라 한다면 체험 이벤트를 가장 첫 번째로 이야기 하고 싶다. 주말에 마트에 갔을 때 만두 시식 코너를 지나가 본 적이 있다면 공감할 것이다. 산술적으로 보면 시식 코너의 운영은 비용의 증가로 이어져, 이윤을 감소시킬 수 있다. 셀 수 없이 많은 사람들이 맛을 보고 그냥 지나치기도 하는데 대기업에서는 왜 이런 마케팅 활동을 하는 걸까?

사람은 원래 구매의사가 전혀 없었지만 체험을 하고 난 뒤 구매 욕구가 생기거나 그냥 지나치기 미안해서 구매하는 경우가 많다. 실제로 마트에서 구매의사가 전혀 없었지만 함께 있던 아이들로 인해 만두를 시식하게 되었을 때 카트에 자연스럽게 그 제품을 담게 된 적이 여러 번 있다. 집 냉동고에 아직 뜯지 않은 만두가 있을 뿐더러 엄청나게 맛있지 않았음에도 말이다.

이 글을 읽고 있는 당신도 아마 나와 같이 비합리적인 결정을 한 경험이 있을 것이다. 사람은 무언가 호의를 받으면, 빚진 감정을 갖게 되는데 이것을 갚아야 할 빚이라고 의무감을 느끼는 경향이 있기 때문이다. 심리학에서는 이것을 '상호성의 법칙'이라고 부른다. 이 점을 적용하여 공동구매로 판매하는 상품에 대한 체험 이벤트를 자주 진행하는 편이다.

보통 공구 시작일 2~3주 전부터 체험단을 모집하면 이목을 집중시킴과 동시에 관심을 지속시키는 효과까지, 셀러가 체험 이벤트로 얻을 수 있는 기대효과가 생각보다 많다.

가장 최근 모집한 체험단 이벤트에서는 다이어트 보조제 10포씩 총 10명을 추첨해서 제품을 나눠줬다. 댓글이 무려 193개가 달렸고 체험단을 위해 투자한 비용은 인당 5,000원에 준등기 배송비

(직접 샘플단계부터 테스트) 추천드리지만~
사람마다 반응이 다를수있으니까요 😊

그래서 내몸에 맞는 제품인지 테스트해보고싶다
하셨던 분들께 체험분을 좀 보내드릴까해요 😄

☑ 모집기간 : 4/10 - 14

☑ 모집내용 : 올라잇레드 10포 10명

☑ 참여방법 :
① @toimoi_toimoi 팔로우
② 댓글에 "참여" 글 남기기
③ 다이어트동지 소환은 선택

※ 본 공구는 4/24 오픈 이니 그 전에 체험후기를
보내주실 분만 참여해주세요!

이벤트의 부가적인 효과

를 더한 정도였다. 그래서 얼마의 매출을 올렸을까?

스마트스토어 플랫폼 수수료 3.63%와 체험 샘플비, 등기료를 제외하고 360만 6,415원의 순 매출액을 올릴 수 있었다. 이러한 사례는 생각보다 우리 가까이에 있다. 인터넷 쇼핑을 하다 보면 "불만족시 100% 환불"이라는 문구를 쉽게 볼 수 있을 것이다. 특히 대량으로 묶음판매를 하는 홈쇼핑에서 체험 이벤트를 내거는 경우가 많다. 너무 양이 많아서 망설이다가도 체험해보고 별로면 반품하면 되겠다는 생각으로 구매하는 경우가 다수이다.

필자 역시 인스타그램으로 쇼핑을 많이 하는 편인데, 구매를 고민하는 제품이 체험단 모집 진행을 했던 제품이라는 것을 알게 되면 크게 고민하지 않고 구매하는 편이다. 이 경우 '판매자가 얼마나 제품에 자신이 있으면 무료로 나눠주며 자신감을 나타내는 걸까?'

생각하게 된다.

게다가 팔로우를 유도해 잠재 고객을 확보하고, 체험 후기를 요청할 수 있기 때문에 1석 3조의 효과가 있다. 그러니 내가 판매하고 있는 제품이 진짜 믿을 만하고 자신 있게 추천하는 제품이라면 체험단을 통해 먼저 고객이 제품을 테스트해볼 수 있는 체험 이벤트 진행을 적극 추천한다.

단 공구를 진행하는 제품 가운데에는 건강기능식품처럼 즉각적인 효과를 느끼기 힘든 경우가 많다. 이때 체험단의 반응이 극적이지 않다면 아무리 긍정적인 후기라 할지라도 매출에 직접적인 영향을 줄 수 있다. 짧은 기간 체험으로도 충분히 효과를 느낄 수 있고, 더 나아가 체험해본 고객이 먼저 구매인증을 할 정도로 품질이 좋은 제품 위주로 이벤트를 진행해야 효율이 극대화된다.

재고가 있어도 품절시키는 이유

1인 기업이고 자체 제작을 위한 자본금마저 없었던 상황에서 무턱대고 제품을 제작할 수 있었던 것은 모두 클라우드 펀딩 덕분이다. 제품의 샘플 사진만을 가지고 상세 페이지를 제작하고 홍보해서 미리 판매를 시작한 뒤 목표량만큼 판매가 되면 그때 공장에 제품 제작을 의뢰했다. 모든 제품의 판매대금이 들어오면 전 차수보다 더 많은 양의 제품을 생산하는 방식으로 매출을 키웠다.

지금도 남편은 이 부분에 대해 불만이다. 일은 하는데 왜 통장에 돈이 없냐는 것이다. 많은 스마트스토어 판매자들은 아마 공감할 것이다. 제품 100개를 사입 후 판매하여 손익분기점을 넘기면 300개를 사입하게 되고 또 인건비마저 다시 재투자하여 500개, 1,000개 그렇게 스토어의 볼륨을 키워야 하고 또 키우게 된다는 것을.

대출 없이 내가 만든 제품을 더 많은 이들에게 소개하기 위해서는 제품이 거의 다 판매될 때까지 기다렸다가 자금을 모아 재생산 주문을 넣어야만 했다. 그러다 제품 생산을 의뢰한 공장의 일정이 밀려 품절 상태로 두 달 정도 기다려야만 하는 상황 생긴 적이 있었다. 어쩔 수 없이 품절로 전환 후 다른 제품 판매에 집중하자 체념하고 있었는데, 하루에서 두세 건씩 재입고 문의가 계속 들어오는 경험을 하게 됐다.

"전량 품절"

○○ 제품 주문량 급증으로 예상보다 빠르게 재고가 소진됐습니다.

재입고까지 약 2개월 정도의 시간이 걸립니다(구체적인 일정은 공장과 조율 중).

지금 주문하실 경우 자동으로 예약 전환되며,

대략 ○월 ○일 입고 후 순차 발송 예정이오니 주문 전 참고하시기 바랍니다.

품절을 확인하고도 이탈하지 않고 판매자에게 문의를 할 정도라면 나의 제품이 아주 마음에 들어서라고 생각했다. 상세 페이지

상단에 제작 소요 기간과 함께 "주문 시 자동 예약 처리되어 순차 발송 예정"이라는 문구를 적고 제품 주문이 얼마나 들어오는지 확인해봤다.

사실 당일 배송이었을 때는 종종 반품도 들어오고 개인적인 기준으로 크다 작다 불만족하며 별점을 낮게 주는 고객분도 간혹 있었기 때문에 한편으로는 걱정이 됐다. 하지만 내 걱정과는 다르게 오히려 두 달이나 먼저 선결제하고 제품을 기다렸다가 받았던 고객의 만족도가 오히려 더 높았고 후기 역시 더 좋았다. 아직도 후기 내용이 기억난다. "기다린 만큼 만족스럽다", "인기가 많은 제품인지 두 달이나 기다렸는데 보람이 있다"라는 등의 후기를 확인하게 되어 참 신기했다.

실제로 프리오더를 진행하는 업체들의 경우 먼저 제품을 생산할 수 있는 예산을 확보할 수 있다는 점과 재고가 남지 않도록 선주문받은 만큼만 제작할 수 있다는 점을 가장 큰 장점으로 손꼽는다.

그리고 그중에서도 최고의 장점은 나의 제품을 소비자에게 한정 수량만 생산하는 고퀄리티의 인기 제품으로 브랜딩할 수 있다는 점이다. 지금 사지 않으면 다시 오랜 기간을 기다리거나 사지 못할 수 있다는 이미지를 심을 수 있다. 희소성을 활용해 판매량을 급증시킬 수 있는 것이 최고의 장점이다. 이렇게 스토어를 운영할 경우 길게 봤을 때 자금 순환에 큰 도움이 되며 업무 처리량도 대폭 감소한다.

이때 발송 지연 처리 시 발송 기한은 예정보다 훨씬 길게 설정해

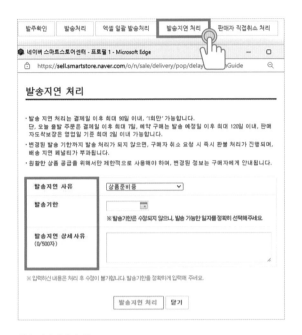

발송 지연 메시지 기능

야 한다. 실제로 코로나가 한창 유행할 당시 기술자들의 확진으로 인해 공장에서 납기일을 2주 이상 지연시킨 적이 있었다. 스마트스토어 지수에 악영향을 줄 뻔했다. 건당 페널티를 부여받기 때문에 몇백 건이 넘는 발송 기한 불이행 페널티를 받는다면 스토어 운영을 정지해야 하는 위기였다. 임기응변으로 우선 전산상으로만 퀵서비스 발송 처리를 했다. 고객분들께는 추후 송장번호를 보내드리겠다는 메시지와 커피 쿠폰을 보내 무마했던 기억이 난다.

고객님에게 보내는 발송 지연 상세 사유에는 공지사항에 언급한 내용을 다시 한번 반복해주는 것이 좋다.

공지사항

안녕하세요. ^^ 배송 지연 공지 확인하셨지요, 고객님~?!

발송 기한은 일부러 넉넉하게 설정해두었으니 크게 신경 쓰지 않으셔도 됩니다!

제품 ○○은 특히나 ○○을 만들어야 하는 까다로운 공정을 거쳐야 하고,

아이를 위한 제품이다 보니 마감 하나하나

깐깐하게 검수를 하는 공장을 찾느라 섭외에 신중한 편입니다.

빠르게 찍어내어 판매하지 않고 40년 이상

장인 생산이 가능한 검증된 곳에서 생산하고 있습니다.

이런 사정들로 ○월 셋째 주 재입고가 예상됩니다.

입고되는 대로 빠르게 출고하겠습니다. 감사합니다!

준비 과정을 공개하면 신뢰도가 높아진다

제품 제작 과정을 공개하는 것은 신뢰도를 높이고 사람들의 관심을 끌 수 있는 효과적인 방법이다. 대부분의 소비자들은 제품이 어떻게 만들어지는지 알고 싶어 한다. 준비 과정을 공개하면 제품에 대한 신뢰가 생겨 믿고 구매할 수 있는 제품이라는 확신을 심어줄 수 있다.

직접 원단이 패턴이나 소재를 고르거나 제품의 이름을 짓는 이벤트를 열어보자. 고객이 제품 제작에 참여하도록 유도하는 과정에서 친숙함을 느끼도록 할 수도 있다. 이러한 과정을 보여줄 경우 다

이름 짓기 이벤트 예시

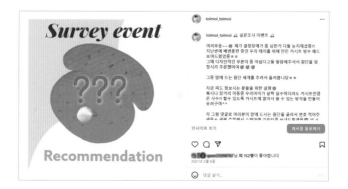

설문 조사 이벤트 예시

소 비싼 가격이 책정되었다 하더라도 왜 비싼 제품인지를 이미 알고 있기 때문에 오히려 고객분들이 가치를 인정하는 경우가 많다.

고객이 제작 과정을 보며 제품에 대해 더 잘 이해하고, 이로 인해 제품에 대한 애착이 강화되기 때문이다. 실제로 자체 제작 상품의 이름을 짓는 이벤트 글을 올려 팔로워들의 참여율을 올림과 동시에 잠재 고객에게 나의 제품을 알리는 기회를 한 번 더 얻을 수 있었다. 무엇보다 고객과 함께 만든, 혹은 고객의 의견을 반영한 고객 친화적인 제품이라는 인식을 심어줄 수 있었다고 생각한다.

대다수의 브랜드들이 제품 자체만을 강조하기 때문에, 상업적으로 느껴져 사람들의 이목을 끌지 못하는 경우가 많다. 단순히 판매를 위해 홍보용 게시물을 올린다는 느낌 말고 고객의 불편을 해소하고 가치 있는 소비문화를 만들고자 노력하는 기업의 이미지를 제작 과정 공유를 통해 전달할 수도 있다.

이벤트 게시물 업로드 후 꼭 세팅할 것

돈 쓰고 계정 망하는 이벤트를 해서는 절대 안 된다. 인스타그램을 시작할 무렵인 약 3~4년 전 아래와 같은 이벤트가 많이 유행했다. 물론 지금도 많은 분들이 하고 있는 이벤트이기도 하다.

1,000명 팔로워 달성부터 3,000명 팔로워 달성까지는 팔로우를 하고 해당 게시물을 리그램할 경우 커피 쿠폰, 상품권을 제공하는 등의 이벤트를 진행했다. 하지만 이러한 이벤트를 하기 이전에 왜 팔로워를 모으려고 하는지 이유를 다시 한번 생각해봤다면 더욱 적절한 이벤트를 진행할 수 있었을 것이다.

계정을 키우던 초반에는 육아용품을 제작하고 판매했기 때문에 잠재 고객으로 육아맘들을 모으려는 목적이 강했다. 하지만 실제 이벤트에 참여한 계정을 살펴보면 프로필 사진 설정도 되어있지 않은 계정이거나 정확히 나의 타깃이 아닌, 즉 내가 판매하는 제품을 구매할 만한 사람들이 아닌 경우가 아주 많았다.

반응도 높은 이벤트 게시물 만드는 방법

#리뷰이벤트, #체험단모집 등 관련 해시태그를 검색해서 눈길을 사로잡는 섬네일을 벤치마킹하고 내용을 어떻게 적어야 하는지 참고해보자. 특히 내가 만들고자 하는 상품과 같은 카테고리의 제품은 어떤 방식으로 이벤트를 진행하고 어떠한 혜택을 제공하는지 꼭 시장조사를 해야 한다.

이벤트를 진행할 때는 조건사항이 은근히 많기 때문에 참여 방법과 모집 조건 등이 보기 좋게 안내되어 있는 게시물을 참고해볼 수 있다. 리그램 앱을 활용해서 복사-붙여넣기 후 기존 내용을 기본 틀 삼아 수정하면 편하다.

리그램 이벤트 예시

눈감고도 하는 인스타그램 광고하기

기존 팔로워들에게만 이벤트 내용을 공유하는 것에서 더 나아가 소액이라도 내가 원하는 타깃층에 맞게 광고를 세팅하여 보다 반응도 높은 이벤트를 진행할 수 있다. 인스타그램은 지역, 연령, 관심사, 심지어 나와 유사한 사람들을 자동으로 타깃팅하여 광고 집행이 가능하기 때문에 보다 광고 반응률이 높은 것이 장점이다. 이벤트 참여율은 높을수록 좋으니 부 계정도 함께 활용하면서 하루 5,000원이라도 광고 세팅하는 것을 추천한다.

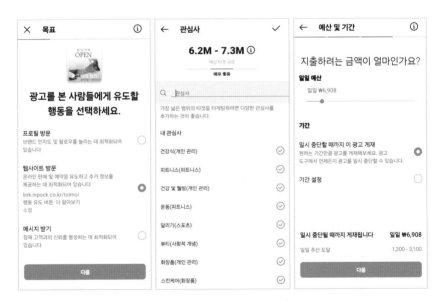

인스타그램 광고 집행 기능

03 | 폭발적인 신규 고객 유입의 지름길 릴스

최근 매일 릴스를 발행하며 '나는 왜 팔로워가 늘지 않을까? 나의 게시물 조회 수는 왜 제자리 걸음인 걸까' 고민하는 이들이 많다. 일명 '쿨 타임(기술을 사용하기 위해 기다리는 시간)'은 릴스를 발행하는 크리에이터라면 누구든 겪어야 하는 시간이다.

최근 인스타그램을 통해 빠르게 수익을 만드는 유저들이 많아졌다. 인스타그램의 알고리즘의 변화로 릴스의 영향력이 커졌기 때문이다. 정보성 릴스를 발행하는 사람들, 즉 우리의 경쟁자들이 많아지고 있는 실정이다. 동일한 주제, 비슷한 콘텐츠 내용들로 이제는 릴스를 소비하는 이들의 시선을 잡는 것이 쉽지 않아지고 있다. 도달율 역시 확실히 떨어지고 있는 추세이다. 하지만 그렇다고 너무 걱정할 필요는 없다.

아직도 릴스를 적극적으로 시작하지 않은 유저들이 많고 충분히 뾰족한 타깃층을 선정하여 정기적인 정보를 제공한다면 언제 끝날지 모르는 쿨 타임은 다른 이보다 빠르게 올 것이기 때문이다.

특히 2024년 5월, 인스타그램의 CEO 아담 모세리는 공식 계정을 통해 팔로워가 적은 크리에이터들의 게시물 노출을 더 많이 늘려주겠다고 발표했다. 이전에는 팔로워를 많이 보유하고 있는 계정이 단시간에 '좋아요'와 댓글을 빠르게, 많이 받을 수 있는 유리한 상황이었다. 팔로워가 많을수록 노출에 유리했지만 이제는 막 시작하는 신규 계정이라 팔로워 수가 적더라도 노출량이 어느 정도 보장된 상황이 되었다.

그러니 이제 자신의 취미나 관심사와 관련된 일관성 있는 주제의 콘텐츠를 발행한다면 기존 대형 계정 못지않은 빠른 성장이 가능하게 됐다. 잠깐의 쿨 타임을 연습할 수 있는 기회라고 생각하고 즐겁게 창작 활동에 참여해보길 권장한다.

How to 릴스

불과 3년 전만 하더라도 '1일 1피드'를 다들 외치며 '부지런히 인스타그램을 하면 성장한다'는 공식을 믿었다. 하지만 지금의 인스타그램은 릴스 시청자가 중도 이탈할 경우 크리에이터에게 페널티를 줄 만큼 양질의 콘텐츠를 업로드할 것을 요구하고 있다.

'나의 평소 관심사', '남들보다 더 빨리 경험해본 것', '남들보다 더 많이 경험해본 것', '남들을 대신해서 해줄 수 있는 것', '내 계정의 주제와 맞는 내용'이 좋은 콘텐츠의 핵심이다. 그리고 무엇보다 내가 꾸준히 발행할 수 있는 콘텐츠의 주제여야 한다. 반응도가 다소 낮더라도 꾸준히 일관성 있게 양질의 콘텐츠를 발행해야 한다.

1일 1피드는 이제 옛말, 업적을 달성하자

초고속 성장을 원한다면 하루는 연출, 하루는 제작 및 업로드에 할애해서 2일 1피드를 올려보자. 계정 성장에 가장 좋은 방법은 저장과 공유를 부르는 퀄리티의 릴스를 발행하는 것이다. 인스타그램이 유튜브와 틱톡을 잡기 위해 릴스를 특히 밀어주고 있기 때문이다. 하루에 1~2개 대충 만든 콘텐츠가 아닌, 시청하는 사람으로 하여금 중도 이탈을 하지 않을 만한 양질의 릴스여야 한다.

하지만 본업이 있다면 영상 촬영과 편집에 많은 시간을 쏟으며 매일매일 글을 발행하기가 생각보다 쉽지 않다. 그래서 무엇보다 권장하는 방법은 정기적으로 콘텐츠를 제작하고 발행하는 것이다. 초고속 성장의 가장 이상적인 빈도 수는 2일 1피드! 적어도 일주일에 2개, 한 달에 8개는 만들어야 한다.

첫날은 영상을 어떻게 연출할지 스크립트는 어떻게 쓸지 등을 고민하고 타 계정을 벤치마킹하는 시간으로 활용한다. 둘째 날은 전날 계획대로 빠르게 찍고 구상한 대로 편집하여 업로드해서 2일 1피드를 완성하는 방법이 있다.

또 다른 방법은 단계별로 과정을 쪼개 나만의 릴스 시스템을 만

1. 나의 타깃이 관심을 가질 만한 주제의 콘텐츠를 유튜브, 틱톡, 릴스 벤치마킹 계정을 통해 찾아본다.
2. 해당 콘텐츠의 캡션에 넣을 내용을 미리 작성해두거나 참고할 만한 기사나 블로그 등 자료를 찾아둔다.
3. 영상 제작 준비물 구비 후 촬영한다.
4. 매일 정해진 시간에 편집한다.
5. 되도록 1달~1주 전 미리 콘텐츠를 기획하는 것이 좋다.

드는 것이다. 쉽게 예를 들면, 최근 정기적으로 업로드하고 있는 다이어트 레시피 관련 피드가 있다. 매일 다른 레시피로 음식을 조리하는 영상을 찍고 편집해야 하기 때문에 식재료를 미리 준비해둬야 한다. 틈이 날 때마다 요즘 다이어터가 관심 있어 하는 것이 무엇인지 최근 방송에 노출된 다이어트 방법, 레시피, 연예인 일상 등을 조사하고 관련 콘텐츠를 찾아서 저장하는 루틴을 만들었다.

그리고 해당 콘텐츠의 캡션에 넣을 내용을 미리 작성해두거나 참고할 만한 기사나 블로그 등 자료를 미리 찾아뒀다. 영상 제작에 필요한 물품, 재료가 준비되면 촬영한다. 촬영 역시 한 번에 3~4개의 영상을 미리 찍어두는 것이 좋긴 하지만 요리 콘텐츠처럼 시간적, 물리적 한계가 있는 경우 최대 2개 정도가 연속으로 촬영하기 수월하다.

그리고 편집은 되도록 매일 오전 30분이나 자기 전 15분 등 고정된 시간을 루틴을 만들어두길 권장한다. 편집은 엘리베이터를 기다리거나 신호 대기 중 식사할 때 등 자투리 시간을 활용하는 편이

인스타그램 릴스의 업적 시스템

다. 요리 콘텐츠 편집은 큰 고민 없이 컷 편집이 대부분이고 캡션
내용과 스크립트 역시 조리 순서와 재료 안내가 전부라서 큰 고민
없이 간단하게 여러 내용을 준비할 수 있었다.

　미리 어떤 콘텐츠를 만들지 1주일에서 적어도 3일 전부터는 미
리 기획해두는 편이다. 어떠한 주제의 릴스를 발행하는지에 따라
다르겠지만 시의성 있는 주제가 아니라면 게시물을 올리기 전 적
어도 1주일치 정도의 콘텐츠를 미리 계획해놓는 것이 지속성을 높
이기 좋다.

잘나가는 인플루언서들은 월별 릴스 플랜을 짜고 미리 기획할 만큼 준비성이 철저하다. 우리도 노력해서 미리 기획해둔다면 2일 1피드까지는 아니더라도 정기적으로 릴스를 발행하는 것이 어렵지 않다.

2023년 말에 인스타그램에 릴스 업적이라는 기능이 새로 생겼다. 미션을 수행하고 이를 달성하면 칭찬 도장 찍어주듯 아이콘이 화려하게 활성화가 되는데 보통 해당 미션을 3개 이상 수행할 경우 릴스의 도달율이 높아졌다는 의견이 많다. 이를 목표로 콘텐츠를 발행해보도록 하자.

릴스 편집툴 & 기능 추천

과거에는 편집할 때 '블로'라는 어플을 많이 사용했지만 최근에는 보다 직관적이면서 다양한 기능을 활용할 수 있는 캡컷CapCut이 대세다. 블로도 당연히 사용해봤지만 개인적인 감상은 "캡컷의 완승!"이다.

캡컷은 기능들을 눌러보는 것만으로도 충분히 사용법을 익힐 수 있다. 별도로 사용법을 찾아보거나 배우지 않아도 될 정도라 초보 크리에이터에게 강력 추천하는 어플이다. 릴스 편집법을 소개하

는 강사들도 대부분 캡컷을 기준으로 설명하고 있기 때문에 배워서 활용하기도 좋다.

메이투는 일반 사진을 찍을 때에도 유용한 사진 보정 어플이다. 대부분의 어플은 동영상 편집 지원이 되지 않지만 메이투는 동영상 후보정도 가능하다. 물론 화질에 영향을 주기 때문에 어플 보정을 그다지 추천하지는 않는다. 하지만 민낯으로 동영상을 촬영했을 경우 메이투 후보정을 통해 메이크업과 피부톤을 보정하거나 밝기 조정을 할 수 있다. 화장이 서툰 분들이라면 참고하기 바란다.

릴스가 인스타그램 초고속 성장에서 필수인 것은 알지만 영상 촬영도 자신이 없고 귀찮은 데다 편집에 자막까지 걱정이라면 일단 무료 동영상 템플릿 사이트를 활용하면서 연습해보는 시간을 가져도 좋다.

나만의 콘텐츠를 찾았다면? 지속할 수 있는 콘텐츠를 만드는 것이 중요하다. 릴스를 만드는 수고를 강-약-중강-약으로, 어쩔 때는 영상에는 힘을 빼고 정보에만 집중한다거나 영상 편집과 정보 모두에 신경 쓴다거나 하며 꾸준함을 길러보는 것이다.

픽셀스Pexels, 셔터스톡Shutterstock, 픽사베이Pixabay 등 참고할 수 있는 여러 사이트들이 있다. 사이트 중에서도 픽셀즈를 가장 추천한다. 만약 미리캔버스 유료 사용자라면 미리캔버스 내에서 먼저 검색해보는 것이 훨씬 내가 원하는 영상 템플릿을 찾을 확률이 높으니 이점도 참고하기 바란다.

10분 만에 초간단 릴스 제작 방법

만약 주 업무로 인해 릴스에 시간을 투자할 여력이 없다면? 얼굴 노출 없이 10분 만에 간단한 쇼츠를 만들 수 있는 어플을 추천한다. 브루Vrew는 실제로 유튜브나 틱톡, 릴스를 편집할 때 많은 이들이 사용하는 프로그램으로, 프리미어 프로보다 훨씬 쉽다는 강점과 합리적인 요금제를 가지고 있는 어플이다.

개인적으로는 무료로 사용해도 크게 기능상 제한이 없었다. 충분히 무료로 사용을 해본 후, 워터마크나 일부 기능이 제한되어 사용이 불편하다고 느껴질 때 유료로 전환을 하는 것을 권장한다. 사용 방법은 아래와 같다. 먼저 네이버 또는 구글에서 '브루'를 검색해서 PC 버전을 설치하고 좌측 상단의 '새로 만들기' 버튼을 클릭한다.

곧이어 '텍스트로 비디오 만들기' 버튼을 클릭한다. 만약 직접 촬영한 동영상이 있는 경우는 '모바일에서 비디오, 오디오 불러오기' 버튼을 클릭해서 영상을 불러온다.

그 다음 릴스 비율에 맞는 '쇼츠 9:16'으로 화면 비율을 선택한다.

자막 길이와 자막 위치를 설정하는데, 가독성을 위해서 자막은 짧게 하는 것이 좋고, 자막 위치는 중간에 배치하는 것이 가독성이 좋다. 그 다음 비디오 스타일을 선택하는 화면이 나오면, 내가 제작하려는 목적에 따라 비디오 스타일을 선택한다.

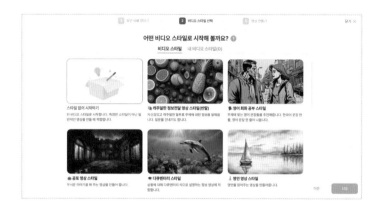

대본 주제를 무엇으로 할 것인지 생각해본 뒤 주제 란에 입력한다. 그리고 AI글쓰기 버튼을 누르면, 자동으로 대본이 생성된다.

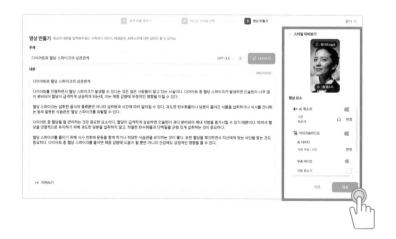

오른쪽 영상 요소 부분에 해당 내용과 어울리는 AI목소리와 빠르기를 추천해준다. 목소리의 음량과 속도 등에 대한 고민도 하고 싶지 않다면 추천 목소리로 선택해도 좋다. 대본과 AI목소리는 얼마든지 변경 가능하므로 우측에 떠있는 화면에서 AI목소리 변경 버튼을 눌러 성별과 연령대를 달리할 수 있고 '무료 성우만 보기'를 통해 비용 없이 제작도 가능하다.

'다음'을 누르면 AI가 자동으로 대본에 어울리는 이미지와 영상을 조합해서 최종 영상을 만들어준다.

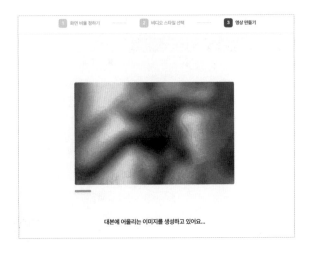

이제 완성도를 높이는 단계이다. 우선 인스타그램은 워터마크 등 로고를 인식하여 타 플랫폼의 콘텐츠 노출 빈도를 줄이겠다고 공식 블로그를 통해서 발표했기 때문에 워터마크를 제거한 뒤 업로드해야 한다. 브루 유료 사용자의 경우 미리보기 창 왼쪽 상단에

있는 워터마크를 클릭하면 보이는 휴지통 모양 아이콘을 눌러 쉽게 삭제할 수 있다.

하지만 무료 사용자라고 해서 삭제가 불가능한 것은 아니다. 무료 사용자가 휴지통 아이콘을 눌러 워터마크를 삭제하려고 하면, 업그레이드 안내 팝업창이 뜬다. 이때 중간에 작은 글씨로 적힌 '다른 방법은 없나요?'를 클릭하면 다음과 같은 다른 종류의 안내 팝업창이 뜬다.

출처 표기 방법의 첫 번째인 '제목'을 선택할 경우 1개월 동안 워터마크 제거가 가능하다. 그리고 1개월 후 재신청하여 사용기간을 연장할 수 있다.

릴스 편집 시 주의사항

▶ **가독성**

'3초의 법칙'은 아마 모르는 분이 없을 정도로 유명한 말이다. 첫인상이 3초 안에 만들어진다는 사실도 충격인데, 약 0.1초 안에 상대에 대한 첫인상이 결정된다는 연구 결과도 있다. 이러한 초두 효과는 사람에게만 적용되는 것이 아니다.

사람들이 나의 게시물 혹은 영상의 첫 화면을 만났을 때 아무런 흥미를 느끼지 못하고 이탈해버릴 것인지 클릭 후 자세히, 반복해서 시청하고 관련 글을 읽어볼 것인지는 불과 0.1초 만에 결정된다.

우리가 릴스를 볼 때의 패턴을 생각해보면 이해가 쉽다. 특정 영상이 어떠한 내용인지를 한눈에 알아볼 수 있는, 다시 말해 보는 이에게 어떠한 정보를 줄 수 있는 영상인지를 빠르게 어필하지 않으면 손가락 움직임 한 번만으로 바로 다음 영상으로 이탈하게 된다. 그렇기 때문에 1초 내에 빠르게 읽을 수 있는 직관적인 글씨체와 크기로 영상에 대한 기대감을 불어넣는 것이 좋다. 또 얇은 필기체보다는 두껍고 또박또박 쓴 듯한 글씨체를 사용하고 배경 영상에 겹쳐서 보이지 않도록 배경색을 깔아주는 것이 좋다.

▶ 자막 달기

릴스를 볼 때 소리를 끄고 보는 사람도 많다. 개인별 차이가 있기는 하겠지만 공공장소나 많은 이들이 함께 있는 공간에서 릴스를 시청하는 경우가 많기 때문에 시청 지속시간을 늘리기 위해 자막을 달아주는 것은 선택이 아닌 필수이다.

실제로 미국 소셜미디어 통계에도 자막을 넣은 숏폼이 40%나 조회 수가 많이 나왔으며 참여도 역시 높았다. 또 다른 조사 결과에 따르면 인스타그램 사용자들 중 상당수가 사운드를 끄고 릴스를 시청하는 경향이 있고 페이스북에서도 비슷한 경향이 나타난다.

스키드 소셜Sked Social에 따르면 사용자의 85%가 비디오를 무음으로 시청한다는 데이터가 있다. 이러한 이유에서인지 인스타그램은 사용자들이 사운드를 켜지 않고 시청할 것을 고려하여 캡션을 추가하는 기능을 제공하고 있으니 편집에 시간이 좀 걸리더라도 무조건 넣는 것을 추천한다.

▶ 강조 포인트 주기

영상이 1분 이내라 하더라도 비슷한 전개의 영상과 똑같은 자막은 지루함을 줄 수 있기 때문에 영상 중간중간 화면을 전환하거나, 폰트의 크기를 바꾸거나, 피사체를 가까이 혹은 멀리 잡는 등 보는 이들로 하여금 흥미를 잃지 않도록 만드는 것이 좋다.

떡상 키포인트

우리가 아무리 열심히 영상을 촬영하고 편집에 공을 들여도 보고 싶어 하는 사람이 없다면 무슨 소용일까? 아무리 내가 특정 분야에 대한 꿀팁을 전달하는 콘텐츠를 지속적으로 발행한다 하더라도 관심을 보이는 이들이 적다면, 즉 수요가 없다면 공급의 가치는 하락할 수밖에 없다. 아마 다양한 벤치마킹 계정을 찾다 보면 나도 모르게 클릭하고 싶어지는 제목이 있다는 것을 느낄 것이다.

다소 과장된 제목도 상당히 많지만 그럼에도 불구하고 일단은 영상을 선택하도록 했다는 점에서는 성공인 셈이다. 조회 수가 높은 릴스나 인기 있는 유튜브 영상의 섬네일을 많이 보다 보면 이목을 집중시키는 제목을 어떻게 지어야 할지 감이 올 것이다. 글쓰기를 처음부터 배우는 것은 상당히 많은 기간이 걸리고 생각보다 어려운 일이다. 하지만 카피라이팅은 몇 가지 적용점만 기억한다면 충분히 빠른 기간 내에 매력적인 결과를 낼 수 있다.

클릭을 유도하는 후킹 문구

▶ 구체적인 숫자를 활용하라

"온라인 수익화하는 가장 쉬운 방법"
"하루에 딱 1시간만 일해도 월 50만 원 보장하는 부업"

둘 중 더 눈에 들어오는 문구는 단연 두 번째일 것이다. 숫자를 활용하면 더욱 눈길을 끌 수 있을 뿐 아니라 신뢰성 높은 정보임을 강조할 수 있다.

▶ 공포심을 자극하거나 전문가의 권위를 이용하자

보통 사람들은 전문가의 말을 더욱 신뢰하고 주목하는 경향이 있다. 또 공포심을 자극하면 소비심리가 극대화된다. 가능하다면 이를 최대한 활용하는 것이 좋다.

"초등학교 3학년! ○○ 교육이 대학을 결정짓는다!"

"약국 가면 꼭 사야 하는 꿀피부 연고 TOP3"

"피부과전문의도 약국가면 꼭 사오는 꿀피부 연고 TOP3"

"승무원이 비행가면 꼭 사온다는 면세점 화장품 Best 5"

▶ 질문을 던지거나 의외성을 줘서 고객의 상상력을 자극하자

질문을 하면 자연스럽게 답변하게 되면서 관심을 증폭할 수 있다. 게다가 '그래서 해결책이 뭘까' 하는 흥미를 자극하게 된다. 또한 읽는 이들로 하여금 '나에게 진짜 필요한 정보를 주는 곳이구나!' 생각하게 만들어 지속적으로 팔로우하기 좋은 계정이라는 인식을 심을 수도 있다.

"남들은 ○○하는데 지금 ○○○만 하고 계세요?

"다이어트한다고 닭고야(닭가슴살, 고구마, 야채)만 먹어요?"

"아직도 닥등(닥치고 등록)하느라 고생만 하세요?"

▶ 목표 대상을 명확히 설정하고 문제 해결법 안내하기

아무리 킬링 타임용으로 릴스를 시청한다고 하더라도 평소 자신이 갖고 있는 고민이나 문제점에 대한 해결책 혹은 대안을 제시한다면 클릭을 안 할 수 없을 것이다. 그들의 문제를 해결하는 방법에 대해 간결하면서도 강렬하게 강조해서 구체적인 내용을 담은 영상 혹은 캡션을 읽도록 유도하자. 또 매니챗을 활용하여 사람들의 팔로우해주는 것을 댓가로 정보를 DM으로 발송해주는 등의 콘텐츠를 만들 수 있다.

'매니챗'이란 특정 단어를 댓글에 입력할 때 자동으로 DM이 발송되도록 설정해두는 자동화 프로그램이다. 보통 지식창업을 하는 계정에서 이러한 경우를 많이 볼 수 있다. 예를 들어, "내 릴스 조회수가 안 나오는 이유 3가지"라는 제목의 게시물을 올렸다면 캡션에 "더 중요한 이유 7가지는 저를 팔로우하신 후 댓글에 '이유'라고 달아주시면 DM으로 보내드릴게요!"라고 입력해둬서 사람들의 팔로우를 유도하고 계정 활성화시키는 것을 목표로 활용한다.

"아이가 4살일 때 부모가 절대 놓치면 안 되는 ○○○ 교육"
"백날 공부해도 수학 점수 80점 못 넘을 때"
"지방 전문대 출신이 S전자 합격한 노하우"
"내 릴스 조회 수가 안 나오는 이유 3가지"

매니챗 사용법도 간단히 소개해볼까 한다. 우선 매니챗 사이트(https://manychat.com/)에 접속한 뒤 Automation을 클릭한다. 곧이어 오른쪽 상단 '+New Automation' 버튼을 클릭한다.

첫 번째에 위치한 댓글이 입력되면 DM이 발송되는 템플릿을
선택한 뒤 'Set Up Template'을 클릭한다.

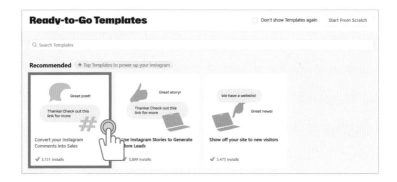

왼쪽의 'User comments on your Post or Reel – specific post or reel'
을 클릭하면 내가 올린 하나의 릴스에 대해 자동화 설정을 무료로 할
수 있다. 만약 모든 릴스에 적용하고 싶다면 유료 결제가 필요하다.

해당 버튼을 클릭 후 자동화를 원하는 릴스를 선택한 뒤 'Continue' 버튼을 누른다. 댓글에 어떤 단어가 입력되었을 때 DM 이 발송되도록 할지 키워드를 입력한 뒤 'Save'를 클릭한다. #2를 클릭하고 어떤 DM이 발송되도록 할지 설정한다.

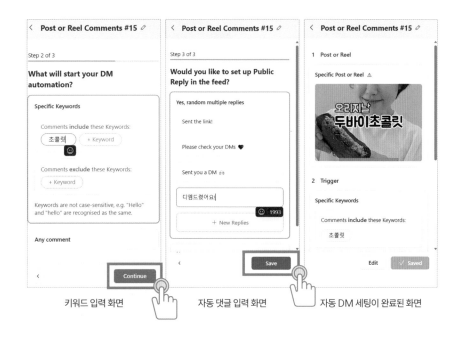

키워드 입력 화면   자동 댓글 입력 화면   자동 DM 세팅이 완료된 화면

만약 링크를 삽입하고 싶다면 'Button title'에 버튼 이름을 입력 후 'Website URL' 부분에 링크를 입력하면 된다.

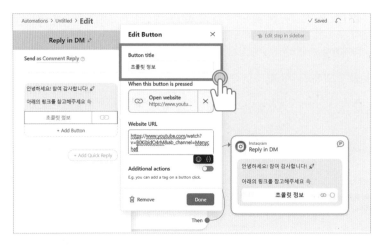

전송될 정보 업로드

'Preview' 버튼을 눌러 미리보기 후 'Set live'를 눌러 자동화를 실행시키면 된다.

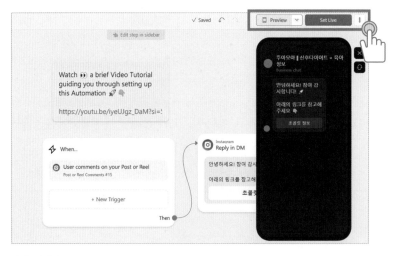

미리보기 화면

릴스에 적용 가능한 후킹 문구 80개

구체적인 예시를 들어 만든 문장이기 때문에
필요한 단어를 넣어 게시글의 첫 문장 혹은 섬네일을 만들 때 활용할 수 있다.

① 3초 만에 신뢰도를 높이는 문장

— 가품일 시 100배 환불보장

— 오픈한지 ◯시간 만에 ◯◯개 완판한 비법

— 의사 경력 ◯년 노하우

— 1건의 환불도 없었던 입문자를 위한 재테크 방법

— 지방대 출신의 평범한 회사원이 월 천 찍은 방법

② 공감대를 형성시키는 문장

— 아이큐 100도 안 되는 저도 해냈습니다

— 저 역시 ◯◯을 시작하기 전 뻔한 ◯◯라고 생각했습니다

— ◯◯ 출신 ◯◯한 저도 해냈습니다

— 국내 ◯◯◯◯중 무려 ◯◯%가 ◯◯◯입니다

— 항상 마이너스 찍히던 통장에 월 ◯◯◯ 찍히게 만든 ◯◯◯

③ 한 번 더 정리하여 각인시키는 문장

— 결국 ○○은 단언컨대 ○○뿐입니다

— 하루 2시간 ○○으로 월 200 버는 가장 쉬운 필승 비법

— 고민은 ○○만 늦출 뿐!

— 딱 ○번만 반복으로 ○배 매출 상승 보장

— 월 ○○○ 더 못 벌면 100% 환불

④ 이득을 강조하는 문장

— ○○할 때 ○○하면 생기는 3가지 장점

— 업계 최초로 공개하는 ○○○ 필살기 전략

— 마진 100% 진짜 무자본 창업은 이것!

— ○○과 ○○ 모두를 잡을 수 있는 가장 쉬운 방법

— 월 ○○만 원 더 버는 가장 빠르고 쉬운 방법

— 적용만 해도 매출 ○배 뛰는 ○○○

— ○○○ 방법만 적용해도 얻을 수 있는 이점 ○가지

— ○○만 원 상당의 ○○을 아끼는 치트키

— 블로그, 인스타, 유튜브 떡상 보장 ○○ 비법

— 지금 이 광고 보신 분들만 ○○% 추가할인

⑤ 무조건 믿게 만드는 확신의 문장

— 단언컨대 ○○○이 ○배 성장하는 유일한 지름길

— 월 ○만 원 달성의 최소한의 조건 ○○○

- 무조건 팔리는 ○○○
- ○○ 하나만 적용하셔도 매출 ○% 증가하는 노하우
- 인생을 바꾼 최고의 ○○은 바로 ○○○
- 가장 현실적인 ○○○ 비법
- 한 번도 ○○ 안 써본 사람은 있어도 한 번만 ○○ 써본 사람은 없는 비법

⑥ 반전을 주어 흥미를 유도하는 문장

- ○○하실 분은 절대 클릭하지 마세요
- ○○했지만 결국 ○○○ 하게 되었습니다
- 요즘 내가 ○○할 때 절대 안 하는 ○○
- ○○라는 뻔한 소리는 이제 그만
- 당신이 망하는 ○가지 이유
- 안 하면 오히려 손해 보는 ○가지 방법
- 죄송하지만 ○가지로는 절대 ○○를 달성할 수 없습니다
- 지금까지 당신이 잘못 알고 있었던 ○○○상식 ○개
- 아직도 ○○하며 만족하고 있나요?
- 진짜 부자들이 ○하는 비밀 노하우
- 단 ○원으로 ○○○하는 찐 노하우
- 연예인들이 몰래 한다는 ○○○ 직접 해본 썰
- 상위 1% ○○들이 몰래 쓰는 ○○○ 비밀 공유
- 지금 당장 안 하면 손해 보는 ○○○
- 백수가 ○○로 한 달 만에 연봉 뚫은 방법
- 상위 1% 사람들이 말하는 번거롭지만 해야 하는 ○○○ 5가지

- 단 ○○○ 수정만으로도 매출 3배 이상 떡상
- 따라만 해도 터지는 ○○공식
- 한 권으로 끝내는 ○○○ 방법
- 자는 동안에도 돈이 들어오는 ○○ 필살기

⑦ 미루지 않고 당장 실행하도록 만드는 문장

- 마지막 ○자리 조기마감 예정
- 이번 재입고 이후 가격 인상 확정
- 지난 ○○ 단 ○○시간 만에 완판
- 문의량 폭주로 답변 시 이틀 이상 소요예정
- 전량 품절로 예약 시 미입금분 대기 가능
- 금일 자정 이후 비공개 처리 예정
- ○○부터 ○○만 판매 예정 재입고 불가
- 딱 오늘까지만 할인가 적용

⑧ 이탈을 미리 방지하는 문장

- 이 영상 말미에 ○○ 꿀팁 대공개! 끝까지 시청해주세요
- 잠깐! 이제부터 진짜 ○○○ 시작합니다
- 한 달 만에 ○○○하는 유일한 방법은 ㄱㄴㄷ입니다(자음 or 블라인드 표기)
- 지금까지 어디서도 풀린 적 없는 꿀팁 대공개
- 직원들의 공개 반대했던 ○○ 노하우 오늘만 무료 공개

⑨ 손해 보지 않으려는 심리를 이용한 문장

— 내일 자정까지만 평생 케어 ○○ 보장

— ○○까지만 무상 보증기간 ○○년 추가 연장

— 대용량 구매 시 ○○당 커피 1잔 가격

— 오늘 자정까지만 얼리버드 혜택

— 품절 시 재입고는 ○개월 소요 예정

— 인건비 인상으로 다음 입고분부터 가격 인상 불가피

⑩ 공포심을 자극하는 문장

— ○○하는 사람이 속고 있는 ○○ 3가지

— ○○하는 사람들도 80% 이상 모르는 잘못된 ○○상식

— 모두가 ○○인 줄 알고 있는 흔한 오해 3가지

— 이걸 ○○라고 생각하셨다면 조만간 망합니다

— 지금 ○○ 안 바꾸면 다음 달 매출 나락갑니다

— 평생 가난하게 살지 않으려면 꼭 해야 하는 세 가지

— 사업자의 90%가 ○○해서 망합니다

— 다이어터 80%가 이거 때문에 요요옴

⑪ 경쟁자 이용하기

— ○○한다고 ○○처럼 될 수 있다고 생각하세요?

— 대다수의 업체에서 사용하는 ○○의 경우 ○○ 비밀이 숨어있어요

— 진짜 고수들은 손절하는 분야 ○○○

— 진짜라면 ○○처럼 ○○○○하지 않는다

반복 재생하게 되는 짧은 영상

앞서 언급한 대로 인스타그램 알고리즘은 이용자가 릴스 시청 중간에 이탈하는 경우 양질의 콘텐츠가 아니라고 판단하여 페널티를 부여하기 시작했다. 그렇기 때문에 5초 전후의 짧은 영상으로 릴스를 만들고 게시글을 읽도록 유도하는 문구를 화면에 삽입하여, 캡션 글을 읽는 동안 자동으로 영상이 반복되도록 하는 꼼수를 써도 좋다. 단, 너무 짧은 영상에 내실 없는 내용으로 후킹만 반복한다면 릴스로 사람을 모았다 하더라도 팔로우로 이어지지는 않을 것이다. 언제나 양질의 정보가 가장 중요하다.

최근 일부 인플루언서들은 2024년 스토리텔링을 하는 길이가 다소 긴 릴스가 유행할 것이라고 전망하기도 했다. 정답은 없으니, 틈틈이 유행을 선도하는 인플루언서들을 벤치마킹하여 흐름에 발 빠르게 움직이길 바란다.

유행하는 트렌디 음원

릴스를 클릭하면 왼쪽 하단에 우상향 표시되어 있는 음원을 확인할 수 있다. 이 음원 제목을 누른 뒤 상단에 우상향 화살표 인기라고 적혀있는 부분을 누른다. 이때 나타나는 음원들이 최근 3일간 사용량이 가장 많이 증가한 상위 50개 오디오 트랙으로, 나의 릴스 조회 수를 높이는 데 영향을 줄 수 있는 요소이다.

왜 사람들이 많이 사용하는 음원을 사용해야 계정 노출에 유리한 걸까? 혹시 반대로 알려진 것은 아닐까? 생각할 수 있다. 남들과

릴스 음원 표시 위치

는 콘텐츠를 보여주는 것이 인스타그램에서 원하는 방식의 콘텐츠 제작 방법이기 때문이다. 하지만 음원의 경우는 다르다.

사용자들은 인기 음원을 찾아 해당 트랙과 관련된 콘텐츠를 소비할 가능성이 높다. 또한, 인기 음원은 이미 대중적인 관심과 호응을 얻고 있기 때문에, 보다 많은 사용자의 공감과 관심을 끌 수 있으므로 결론적으로 인스타그램의 사용시간을 늘릴 수 있는 요소로 작용할 수 있게 된다. 그렇기 때문에 인기음원을 의도적으로 사용하여 상대적으로 높은 노출과 상호작용을 유도할 수 있다.

이탈을 막는 방법

우선 임팩트 있는 제목, 섬네일, 첫 문단을 통해 확 끌리는 첫인상을 만들어야 한다. 위에서 후킹 멘트를 다수 소개하였기 때문에 구체적인 언급은 생략한다. 여기서 기억해야 할 점은 섬네일에서 사용한 문구를 캡션 첫 줄에 또 사용하면 안 된다는 점이다.

캡션의 첫 줄이 두 번째로 후킹할 수 있는 기회이기 때문이다. 섬네일에서 관심을 끌지 못했을 경우, 두 번째 후킹인 캡션의 첫 문장으로 이탈을 막아야 한다. 누르고 싶게, 영상을 보고 싶게 해야 한다. 그리고 무엇보다 나의 계정을 특정 분야를 생각하면 떠오르는 계정으로 만들기 위한 콘셉트를 잡는 것이 중요하다.

먼저 찾아오게 만들기

시리즈물 연재하기

연재라고 하면 가장 먼저 떠오르는 분야는 아무래도 웹툰이다. 인스타그램 내에서도 인스타툰을 발행하는 계정들이 많고 인기 있는 계정들이 상당히 많다. 하지만 우리가 이들처럼 웹툰을 연재할 수는 없는데 어떻게 시리즈물을 연재하라는 말인가?

어떤 공구 계정은 릴스 조회 수가 1,000~3,000회 내외였다. 그런데 어느 날 15만 뷰 이상의 조회 수와 수많은 공감 댓글이 달린 콘텐츠가 등장했다. '4년 떨어져 산 아빠와 친해지기'라는 제목의 릴

스가 큰 반응을 얻은 것이다. 그 뒤로 아빠와 아이가 함께 등장하는 내용의 릴스가 시리즈로 게시되었다. 시간이 얼마 지난 후 '4년 떨어져 산 아빠와 친해지기 2'라는 제목의 릴스도 올라왔는데, 12만 조회 수를 기록하게 된다. 뒤이어 '4년 떨어져 산 아빠와 온도차' 릴스는 17만 조회 수, '떨어져 산 지 6년, 아빠와 딸이 같이 산 6개월 만에 생긴 일'이라는 릴스는 21만 조회 수를 기록했다.

지난 몇 년간 1만 팔로워를 유지하던 해당 계정은 실제 경험을 토대로 대한민국 부모라면 누구나 공감할 만한 아빠와 딸 사이의 관계에 대한 릴스를 지속적으로 발행하며 공감을 얻을 수 있었다. 그 결과 상업 계정임에도 불구하고 1만 7,000팔로워를 추가로 단기간 내 유입시켜 재구매율이 높은 알짜배기 공구 계정으로 계속 성장하고 있다.

이 사례와 비슷하게 주부라면 누구나 공감할 만한 며느리, 시댁, 친청, 경력단절 이야기가 있을 수 있다. 직장인이라면 꼰대 직장상사, 건방진 후배, 연봉인상, 연말정산 이야기에 크게 공감할 것이다. 최근에 본 계정은 가사도우미로서 청소 일을 하는 모습을 발행하는 콘텐츠였는데 누구나 공감할 수 있고 남들은 하기 싫어하는 일을 즐겁게 하는 모습을 보여주며 큰 반응을 얻고 있다.

과정 보여주기

보통 브랜드 계정, 즉 본인의 일과 연관성 있는 계정의 경우(옷가게, 네일숍, 핸드백, 소품 등) 인스타그램을 마치 메뉴판처럼 활용하는 경우가 상당히 많다. 그리고 그렇게 계정을 운영하는 본인조차도 아쉬움을 느끼고 있지만 어떤 콘텐츠를 발행하면 좋을지 모르겠다면서 고민을 토로하는 경우가 많다.

예를 들어, 앞치마 위주로 자체 제작하여 판매하는 한 셀러의 계정이 있다. 보통 이런 류의 계정이라면 디자인이나 색상별 옷걸이 컷을 쭈욱 게시해놓는 경우가 많다. 물론 상업 계정 특성상 콘텐츠의 다양성에 한계는 분명히 있다.

하지만 작은 차이점만으로도 많은 팬을 만들 수 있다는 점을 지금 소개하는 이 계정을 통해 확인해볼 수 있다. 처음에는 해당 계정역시 옷걸이에 제품을 걸어 쭉 나열해두는 식의 메뉴판과 같은 계정이었다. 그러다 제품 제작자의 일상을 공유하며 게시물이 반응을 얻기 시작한다.

여기서 중요한 점은 모든 사장님들이 일상을 공유한다고 떡상하는 것은 아니라는 점이다. 보통 미싱으로 직접 제품을 생산, 판매하는 사장님은 나이가 많은 경우가 많다. 앞치마는 주부들의 전유물, 결혼한 아줌마들을 위한 아이템이라고 여겨지기 마련이다. 그런데 이 계정의 경우는 미싱 제품을 만드는 대표가 20대라는 점이 이용자의 시선을 끈 요인이 된 것이다.

제작자의 일상을 공유한 릴스 한 개가 평소보다 많은 이들의 관심을 얻고 난 이후, 다시 한번 보통 이상의 반응을 얻은 릴스가 무엇이었을까? 바로 '20대 초반 사장의 하루' 라는 의외성을 강조한 후킹 문구를 삽입한 릴스였다.

계정을 운영하면서 그렇게 감을 잡은 후에는, 반응이 좋았던 후킹 문구 '20대'를 자주 언급하며 어떻게 흔치 않은 결정을 내렸는지, 즉 '앞치마를 만드는 1인 사업가가 되었는지'에 대한 릴스를 지속적으로 발행했다.

이렇게 반응이 있는 릴스의 스타일과 주제는 본인이 여러 방법을 통해 시도해보고 찾아나갈 수 있다. 사례를 통해 확실히 알 수 있는 점은 의외성 있는 후킹 문구가 필요하고, 이를 반복해서 사용해도 계속 반응이 있다는 점이다.

그리고 일반 소비자들은 알 수 없는 사장님의 일상, 즉 제품이 탄생하면서 어떤 과정을 거쳐 어떤 수고와 정성을 들여 제작하는지를 담아낼 수 있다. 재구매하는 일명 '찐팬(진짜 팬)'을 만들어나가는 것이다.

해당 계정에서 판매하는 인기 제품들은 7~10만 원대이며 다수는 품절이다. 과연 위와 같은 스토리를 풀어내지 않았다면 구매자들이 10만 원대의 앞치마를 선뜻 살 수 있을까?

알고리즘의 환심을 사는 방법

우선 가장 기본이 되는 것은 일관성이다. 관심사를 기반으로 게시물을 노출시키는 최신 알고리즘 정보에 따라 내 계정의 방향성을 통일된 주제로 잡는 것이 중요하다. 최신 인스타그램 알고리즘 기반 정보에 의하면, 꾸준하게 정기적으로 업로드하는 게시물은 팔로워들에게 꾸준히 콘텐츠를 제공하고 있다는 증거이므로 콘텐츠 확산에 큰 도움이 된다.

만약 당신의 계정이 자기계발, 돈 버는 방법에 대한 정보를 발행하고 있는 상황에서 갑자기 '카페 데이트', '크리스마스 트리 명소'와 같은 게시물을 올린다면? 언팔로우할 확률이 아주 높을 것이다. 뿐만 아니라 당신의 계정은 전문성이 없는 계정으로 보일 것이며 인스타그램의 알고리즘 역시 사용 단어와 문구 등을 인식하여 당신의 계정이 어느 카테고리의 계정인지, 어떤 취미를 가진 인스타 유저들에게 노출시켜야 하는지 방향을 잃게 될 것이다.

인기 급상승은 누가 될까?

기존 계정보다 새로 만든 계정이 더 빠르게 성장할 수 있도록, 알고리즘이 해당 계정의 콘텐츠를 확산시켜 준다는 소문이 있다. 다만 어디까지나 많은 인스타그램 유저들의 경험담을 통해 퍼지게 된 이야기일 뿐 인스타그램이 공식적으로 이러한 정책을 발표한 바는 없다. 하지만 앞서 언급했다시피 2024년 5월 인스타그램의 CEO 아담 모세리는 공식 계정을 통해 팔로워가 적은 크리에이터들의 게시물 노출을 더 많이 늘려주겠다고 발표했다. 그렇기 때문에 처음 시작해서 팔로워가 적은 계정 역시 이에 해당한다고 볼 수 있다.

게시물의 형태에 대한 소문도 무성하다. 릴스만 많이 노출되도록 하지 않는다며 이미지 콘텐츠도 많이 업로드하라고 권장하지만, 사실 릴스를 집중적으로 올리는 계정들이 눈에 띄게 빠르게 성장하고 있다. 그러니 공식발표가 아니라 하더라도 실제 유저들의 경험을 통해 어느 정도 확인된 정보는 적용해본다 해서 손해는 없을 것이다.

적(?)을 알고 나를 알아야 백전백승

나의 게시물이 좋은 반응을 얻으려면 '좋아요'가 많아야 할까? 저장 혹은 공유나 댓글이 많아야 좋은 것일까? 게시물을 올렸을 때 보이는 하단의 표시 순(재생횟수-'좋아요'-댓글-공유-저장)으로 중요도를 판단하면 쉽다. 생각해보면 보는 이들로 하여금 이 순서대로 행동을 한 번 더 요구한다.

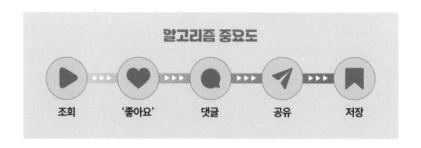

알고리즘 중요도

조회　‘좋아요’　댓글　공유　저장

재생을 해서 보다가 습관적으로 ‘좋아요’를 누르는 사람도 있고 인친이라서, 게시물이 마음에 들어서 ‘좋아요’를 누를 수도 있다. 이후의 행동부터가 중요한데, 댓글을 단다는 것은 해당 게시물을 내용을 어느 정도 파악하고 그에 대한 본인의 의견을 이야기하는 것이기 때문에 내 게시물의 가치를 높인다는 측면에서는 ‘좋아요’보다 중요한 요소가 댓글이라고 볼 수 있다.

단순히 댓글로 의견을 이야기하고 그치는 것이 아니라 주변에 해당 게시물을 전달하고 싶을 만한 가치가 있다고 느껴졌을 때 공유하고, 한번 보고 지나치기 아까우니 다음에 또 적용해야겠다고 판단되는 진짜 양질의 정보라면 저장을 누른다. 그래서 예전에는 게시글 하단에 “‘좋아요’를 눌러주세요!”라는 콜투액션CTA이 있었다면 최근에는 “저장하세요”나 “친구에게 전달” 혹은 “댓글로 친구를 소환해주세요” 등과 같은 CTA가 대부분이다.

그러니 돈만 쓰고 손해만 보는 이벤트는 절대 열면 안 된다. 실제로 구체적인 CTA 전략 없이 치킨을 쏘는 팔로우 이벤트를 통해 무려 3만 명까지 팔로워를 달성한 인플루언서가 있었는데, 그 이벤

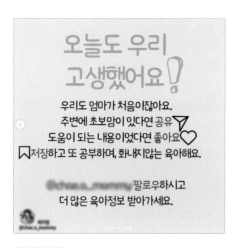

콜투액션 사례

트가 끝나고 나서는 서서히 언팔로우가 늘더니 1만 팔로워 이상 줄어들게 되었다고 푸념하는 사례도 있었다. 다시 한번 강조하지만 인스타그램의 알고리즘은 사용자의 취미와 관심사에 기반하여 콘텐츠를 추천한다. 따라서 팔로워 수를 기념하는 이벤트를 계획할 때는 무분별한 대상보다는 특정 관심사를 공유하는 타깃에 집중하는 것이 중요하다.

예를 들어, 쿠폰이나 선물을 제공하는 이벤트를 진행하더라도 참여 유도를 할 때에는 해당 계정의 주제와 밀접하게 연관되도록 조건을 설정해야 한다. 불필요한 대량 팔로우를 방지하고, 실제 나의 계정의 관심사와 어울릴 만한 팔로워들의 참여를 높여야 장기적으로 계정의 성장과 상호작용을 증진시키는 데 도움이 된다.

과거에 진행했던 이벤트 "팔로우하면 커피 쏩니다!"를 이 원리

- 댓글이 많은 콘텐츠를 어떻게 만들 수 있을까?

답변하고 싶은 질문에 답변하기 쉬운 질문을 마지막 문구로 사용할 수 있다.

  - "이럴 때 여러분의 선택은? 여러분은 E형 I형?"

  - "내 남편은 어떤 타입? 선호하는 스타일 A or B?"

  - "저만 이렇게 생각하나요? 의견 주세요"

- 공유가 많은 콘텐츠 만들기

나누고 싶은 정보나 요즘 유행하는 무언가를 담거나,

행동을 교정하는 내용이 포함하면 많은 공유를 유도할 수 있다.

  - "휴대폰만 보는 아빠가 아이에게 미치는 영향" → 남편에게 많은 공유

- 저장이 많은 콘텐츠 만들기

다량의 정보를 모아놓으면 많은 저장을 끌어낼 수 있다.

  - "다이어트 쿠팡템 베스트 10"

  - "월 천 벌어다준 필독서 10권"

  - "무조건 3kg 빼주는 JMT 레시피" → 다이어터에게 많은 저장

에 따라 수정한다면 어떻게 해야 할까? "팔로우하면 커피 쏩니다. 단 유령 계정X, 세컨 계정X, 이벤트 헌터X, 실제 육아를 하고 계신 분이 운영하는 계정이어야 선정합니다"라는 조건을 꼭 명시해두고 이벤트를 진행할 것이다.

릴스 주제 설정 어떻게 해야 할까?

앞서 말했다시피, 최근 릴스 업로드 전에 '주제'를 추가하는 기능이 생겼다. 인스타그램 릴스에 주제를 설정하면 알고리즘을 통해

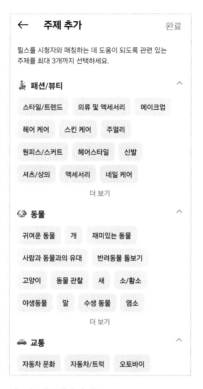

인스타그램 주제 추가 기능

관련 관심사를 가진 사용자에게 콘텐츠를 추천하는 데 도움이 된다. 주제 태그는 콘텐츠를 카테고리화하는 데 주로 사용된다. 알고리즘에게 콘텐츠의 성격을 알려주고, 관련된 타깃에게 도달하도록 돕는다. 그렇기 때문에 관심사 위주로 노출되는 릴스 특성상 주제 설정은 선택이 아닌 필수이다.

막상 선택하려고 보면 종류가 많지 않기 때문에, 내가 발행한 콘텐츠와 주제 분류가 맞지 않는 경우가 고민인 유저가 많을 것이다.

예를 들어, 내가 다이어트 간식과 관련 콘텐츠를 발행한 경우 주제를 간식이나 디저트를 선택해야 할까? 만약 하나의 주제만 고른다면 나의 주된 타깃층이 관심 있어 할 만한 '요가', '홈트레이닝 및 피트니스 활동' 같은 주제를 선택해야 할까? 혼란스러울 것이다.

인스타그램은 AI가 영상을 분석하여 적절한 타깃층에게 노출하기 때문에 만약 음식 관련 콘텐츠를 발행하면서 '피트니스 활동'과 같은 주제를 선택하면 혼돈이 발생할 수 있다. 그렇다고 다이어트 간식에 대한 콘텐츠의 주제를 '간식'이나 '디저트'로 선택하는 것은 별로이다. 직관적이긴 하지만, 알고리즘이 일반적인 간식이나 디저트와 관련된 콘텐츠로 오해할 수가 있다.

이때 필요한 것이 바로 해시태그다. 다이어트 간식을 만드는 콘텐츠를 업로드한다면 주제는 '레시피', '간식' 등을 선택하고 본문이나 댓글에 주제와 관련된 해시태그를 추가하여 더 많은 사용자에게 도달하도록 할 수 있다. 예를 들어, #다이어트간식, #헬시푸드, #피트니스간식 등이다. 이렇게 내가 발행한 콘텐츠의 타깃을 디테일하게 설정한다면 선택한 주제와 해시태그를 기반으로 AI가 주제를 분석하여 관련성 높은 사용자에게 영상을 추천하는 것을 도울 수 있다.

릴스 업로드 후 반드시 해야 할 일

나의 게시물이 양질의 콘텐츠임을 식별할 수 있는 가장 좋은 지표는 '단시간 내에 얼마나 많은 사람들이 반응하는가'이다. 업로드 이후에는 팔로워들과 댓글, DM, '좋아요'를 통해 소통하는 작업이 필요하다. 즉각적인 반사 행동을 유도하는 것이 가장 좋다. 이를 위해 평소 반응이 빠른 팔로워를 찾아가 먼저 댓글을 단다거나 DM으로 소통하기 등을 할 수 있다.

다시 한번 강조하지만 인스타그램의 알고리즘은 일반적으로 사용자 참여를 중요한 요소로 간주한다. 높은 참여도는 더 많은 사람에게 콘텐츠라 노출되는 데에 큰 도움이 된다. 저장, 전달, 공유, 댓글 등의 상호작용은 릴스의 확장성이나 반응도 상승에 기여한다. 그래서 여러 부 계정을 사용하여 콘텐츠 초기 참여도를 높이는 것은 일정 부분 도움이 될 수 있다.

"

서른 중반,
더 이상 알바는 하고 싶지 않았다

"

정보처리기능사, 워드프로세서1급, 컴퓨터활용능력2급, 한식, 양식조리기능사, CS리더스 관리사 등 국가공인자격증 외 서비스강사 2급, 이미지컨설턴트3급, 푸드코디네이트1급 등 민간자격증 등 취득한 자격증의 서로 다른 분야나 종류를 보면, 나의 20대는 치열했고 불안정한 직장과 불투명한 미래 그 자체였다.

첫 직장에서는 대기업이었음에도 부서의 재정상 문제라는 이유로 권고사직 통보를 받았다. 이제는 여기에 정착하고 싶다 생각했던 호텔에서는 재정적인 문제로 인한 아웃소싱 소속으로 전환. 더 이상의 이직은 없을 것이라 확신했던 마지막 직장에서는 잔병치레가 많은 첫 아이로 인한 출산휴가, 복직포기. 그렇게 경력단절이 됐고 둘째 아이를 출산했다.

또 다시 지금 나의 상황에 맞는 경제활동을 위해서는 무언가 새로운 것을 공부해야 했다. 하지만 아이가 어린이집에 있는 잠깐 동안의 시간에 출근하고 보수를 받는 것마저도 지금의 내 상황에서는 결코 쉽지 않았다.

첫 아이를 낳고 문화센터에서 친해진 아이 친구의 엄마에게서 얼마 전 급하게 전화가 걸려왔다. 몇 주 전부터 아이가 등원한 시간 동안 일을 하게 되었는데 사정이 생겨 오후 5시는 돼야 아이를 데리러 갈 수 있다는 것이다(오후 4시 이후부터는 연장보육 시간으로 사전 신청이 필요하다). 물론 어린이집에 부탁하면 되겠지만 너무 오랜 시간 아이 혼자 방치하는 것은 아닐까 노파심에 잠깐 자기 아이와 놀이터에서 놀아줄 수 있냐는 전화였다.

아이 친구 엄마는 지금 첫 아이가 7살이고 다 컸다고 생각하여 일을 시작했을 것이다. 아이를 키우는 동안은 언제 어떠한 변수가 생길지 아무도 모른다. 맞벌이임에도 항상 부족한 아이들의 교육비와 생활비, 날이 갈수록 월급 빼고 다 오르는 물가, 낮아지는 적금이율, 높아진 대출금리 등… 대한민국에서 워킹맘은 집에서도 죄인 직장에서도 죄인이라 하지 않는가.

처음부터 나는 공구를 목적으로 인스타그램을 시작한 것이 아니다. 자체 제작 상품을 만들어 판매하여 내 사업을 확장할 요량이었다. 그렇게 인스타그램을 통해 수익화를 결심하고 나만의 제품을 판매하였을 때 나는 제품이 좋으면 대박이 날 줄 알았다.

초기 반응이 생각보다 없어서 실망하던 때 인스타그램 팔로워가 2,000명을 넘어가면서 공동구매 제안이 들어오기 시작했고 혹시 제품력의 문제는 아닐까? 싶어 공구 제품을 판매해보기로 결심했다. 사업자등록을 했는데 수익이 없으면 안 되지 않는가!

그때 당시 아이 엉덩이 워시 제품이 따로 출시되는 시기였고 정말 딸아이 엄마라면 누구나 좋아할 만한 제품일 것이라고 확신했다. 인스타그램 라이브 방송부터 시작해 아침저녁으로 홍보 피드를 올렸다. 그리고 공구 결과는? 대실패였다. 매출은 3만 원 정도였던 것으로 기억한다.

여기서 포기할까 싶기도 했다. 남편은 일은 하는데 왜 돈이 안 벌리냐 은근 잔소리하기 시작했고 전보다 바빠져서 자는 시간을 줄이고 낮 시간에도 핸드폰만 손에 들고 있는 모습을 못마땅해했다. 당연히 한심해보였을 것이다. 이쯤 되면 그만할 때도 되지 않았나 생각했을 것이다. 그래도 아내를 존중하는 남편이었기에 대놓고 무시하거나 때려치우라는 소리까지는 하지 않았음에 감사한다. 그래서 눈치 없게도 나는 새로운 시도를 계속했다.

아이들을 재우고 밤 11시에 네이버 쇼핑 라이브로 선크림을 반 통이나 써가며 제품을 판매했다. 아이 바디워시 제품 공구를 시작했을 당시에는 라이브로 세수하며 눈에 거품이 들어가도 따갑지 않다는 점을 실시간으로 보여주며 판매하기도 했다.

'그립Grip'이라는 라이브 방송 플랫폼에는 나와 같은 소상공인들이 많은데 주로 먹거리, 옷, 소품 등을 매장에서 직접 사장님이 소개하며 판매하고 있다. 그래서 나 역시 그립에 공구 제품들을 올려서 판매해도 되는지 본사 담당자에게 제안하기도 했다.

만약 당신이 제품의 판매를 의뢰한 회사 대표 혹은 책임자라면 이러한 셀러가 어떻게 보일까? 내가 제안했던 모든 업체에서 100% 라이브 방송을 OK했고 그에 더해 별도의 사은품을 지원했다. 밤늦은 시간임에도 라이브에 함께 참여하여 댓글을 달아주며 응원해주기까지 했다(원래 공구 제품은 네이버 쇼핑 노출을 해제하는 폐쇄성 판매가 원칙이다).

유명 인플루언서 판매량의 반의반도 안 되는 판매량이었음에도 말이다. 아마 인간적인 면에서 열정적으로 업체의 제품을 판매하고자 하는 열정이 느껴져서, 혹은 열심히 먹고살려고 노력하는 이를 응원하기 위한 마음이 아니었을까? 뭐가 됐든 업체의 지지를 받으며 점점 셀러로 성장할 수 있었고 매출은 기대 이하였을 지라도 또 다른 좋은 제품의 판매를 제안해주신 덕분에 판매 제품의 종류와 매출을 확장할 수 있었다.

이렇게 판매에 재미가 붙기 시작하며 '더욱더 많은 이들이 나의 판매 영상을 봐줬으면 좋겠다', '본사에서 지원해준 사은품을 나의 고객이 더 많이 받았으면 좋겠다'는 생각이 점점 더 들기 시작했다. 그래서 타 셀러들은 어떻게 고객을 더 많이 확보하고 재구매를 유도하며 마케팅 활동을 하는지 찾아보았고, 네이버 소식받기 설정 시 쿠폰을 통해 할인을 해주는 미끼 마케팅으로 고객 정보를 확보할 수 있다는 점을 알게 되었다.

지금 생각해보면 정말 기본적으로 네이버에서 제공하고 있는 고객 관리 방법인데 먼저 적용하고 있는 경쟁 셀러들을 통해 배우게 된 것이다. 이 경험을 계기로 정말 아는 만큼 돈을 벌 수 있는 거구나 깨달았던 기억이 난다. 공구 상품의 경우 가격이 정해져 있으므로 쿠폰을 적용할 경우 정해진 공구 가격보다 더 저렴하게 판매가 가능하기 때문에 스마트스토어를 사용하지 않는 다른 셀러에게는 불리할 수밖에 없다. 그 점을 이용하여 경쟁 셀러보다 더 큰 금액의 쿠폰을 발행하고 이를 인스타그램에 홍보하며 가장 많은 혜택을 제공하는 이벤트 맛집이자 통 큰 스토어로 홍보했다.

물론 이 또한 경쟁이 치열해지며 쿠폰 적용은 못하도록 공구 정책이 바뀌게 됐다. 후기를 쓰면 제공하는 현금처럼 쓸 수 있는 네이버페이 금액 역시(최대 후기 포인트를 1만 원까지 준 적 있다) 조정되기는 했지만, 그동안 부지런히 모은 고객 정보를 통해 이벤트 맛집으로 자리매김 하였기에 단골 고객을 확보할 수 있었다.

부담스러운 초기 투자비용과 실패하면 모든 걸 잃을 수도 있다는 두려움이 있었고, 집에서 일을 하기 때문에 일하는 시간과 휴식의 경계가 없어 마음 편히 쉴 수 없는 상황이지만 지금의 나에게 가장 이상적인 수익활동의 공간은 온라인임이 분명하다.

지금 당신은 평생직장을 다니고 있는가? 혹은 평생 지속할 수 있는 직종에 종사한다고 확신하는가? 온라인 시장이 정답이라고 할 수는 없다. 하지만 안정적인 것을 좋아하고 보수적인 사람으로서는 상상할 수 없었던 사업을 시작하며 일생일대 가장 큰 만족감을 느끼고 있다. 아직 온라인 수익화에 대한 그 어떠한 것도 시도해보지 않았다 하더라도 온라인 시장이 앞으로 더욱 커질 것이라는 점은 누구나 인정할 것이다.

이 책에 나와 있는 대로 자체 제작과 공구를 하는 것도, 릴스를 만들고 인스타그램 계정을 콘셉트화하여 키우는 것도 모두 반드시 정답이라고 할 수 없다. 하지만 이것 하나는 무조건 강조하고 싶다. '해야겠다'고 생각한 것이 있다면 바로 실행하라는 것!

'인스타그램을 지금 시작해도 늦지 않았구나. 가장 효율이 좋은 광고 수단으로 적합하구나' 하고 느꼈다면 일단 계정부터 만들어보자. 콘셉트를 아직 못 잡았다고? 어떤 콘텐츠를 만들어야 할지도, 사진 찍고 영상 편집하는 방법 등 배워야 할 것이 너무나 많다고? 모두 완벽한 상태에서 실행하지 않아도 충분하다. 아니 오히려 완벽하게 준비된 상태에서 시작한다면 늦을 수 있다.

만약 당신의 주변인 중 한 명이 사업을 하기 위해 스마트스토어 강의를 시작으로 마케팅, 영상편집, 사진 강의까지 듣고 있고, 이제는 추후 매출이 커졌을 경우를 대비해 세무지식에 대한 공부를 시작한다고 한다면 당신은 어떤 생각이 드는가? 팔로워가 0명일 때 내가 엉터리로 만든 릴스가 갑자기 떡상할 리 없으니 안심하고 마음껏, 되도록 많이 연습하고 시도하고 완성도를 높여가길 바란다.

이 글을 읽고 새로운 수익화 방법이 있다는 힌트를 얻었다면 여러분이 이 책을 덮고 할 행동이 무엇인지에 미래가 달렸다는 점을 꼭 기억하길 바란다. 본격적으로 어제보다 나은 삶을 만들 것인가,

아니면 더 완벽하게 준비하고 시작하려는 생각만 반복하며 일상으로 돌아갈 것인가. 이제는 어딘가에 쓸 이력서를 준비하는 게 아니라 나와 함께 일할 파트너의 이력서를 받기 위해 공부하고 시도해보는 건 어떨까?

나는 인스타로 3억 매출 셀러가 되었다

초판 1쇄 2024년 11월 22일

지은이 최지혜
펴낸이 허연
편집장 유승현 **편집2팀장** 정혜재

책임편집 이예슬
마케팅 한동우 박소라 구민지
경영지원 김민화 김정희 오나리
디자인 이은설

펴낸곳 매경출판㈜
등록 2003년 4월 24일(No. 2-3759)
주소 (04557) 서울시 중구 충무로 2 (필동1가) 매일경제 별관 2층 매경출판㈜
홈페이지 www.mkbook.co.kr
전화 02)2000-2630(기획편집) 02)2000-2646(마케팅) 02)2000-2606(구입 문의)
팩스 02)2000-2609 **이메일** publish@mk.co.kr
인쇄·제본 ㈜M-print 031)8071-0961
ISBN 979-11-6484-730-3 (03320)